Le Sentier mozarabe

La Via de la Plata

Arion bénéficie du soutien de la Société de développement des entreprises culturelles du Québec (SODEC) pour son programme d'édition. Nous reconnaissons l'aide financière du gouvernement du Canada par l'entremise du *Programme d'aide au développement de l'industrie de l'édition (PADIÉ)* pour nos activités d'édition. Nous remercions le Conseil des Arts du Canada de l'aide accordée à notre programme de publication. Gouvernement du Québec *Programme de crédit d'impôt pour l'édition de livres* Gestion SODEC.

Catalogage avant publication de Bibliothèque et Archives Canada

Bernier, Claude, 1939-
La Via de la Plata : de Séville à Compostelle
(Arion voyage)
ISBN 2-923300-07-6

1. Bernier, Claude, 1939- – Voyages – Espagne – Saint-Jacques-de-Compostelle. 2. Pèlerinages chrétiens – Espagne – Saint-Jacques-de-Compostelle. 3. Espagne – Descriptions et voyages. I. Titre. II. Collection.

BX2321.S3B472 2005 263'.0424611 C2005-940322-5

Page couverture : Diane Bussières

Mise en pages : Bussières Communications

Photo de la page couverture :
Anxo Iglesias, Turismo de Santiago de Compostela
Photos des pages intérieures :
Claude Bernier et Turismo de Santiago de Compostela

Éditeur :
Arion Éditions
102, Ch. Tour du lac CP 4366
Lac-Beauport (Québec) G0A 2C0
Tél. : (418) 841-0266 Télec. : (418) 841-3562
arion@ccapcable.com
www.arionediteur.ca

©Copyright, Ottawa, Canada
©Arion Éditions Inc. 2005
Tous droits réservés pour tous pays

Dépôt légal : Bibliothèque nationale du Canada,
Bibliothèque nationale du Québec, 2005

ISBN 2-923300-07-6

Imprimé au Canada.

Claude Bernier

Le Sentier mozarabe

La Via de la Plata

de Séville à Saint-Jacques de Compostelle à pied

Arion Éditions

À la mémoire de
Maurice Plamondon
un ami et un correcteur consciencieux
parti sur le Grand Chemin
le 25 décembre 2002

Remerciements

Merci à Micheline Dubé, ma femme, qui m'a encouragé et m'a permis de faire ce Chemin.

Merci à mes deux fils, Ghislain et Rémi, qui ont soutenu leur mère durant mon absence.

Merci à monsieur Roger Thomas, mon fidèle compagnon de route, la seule personne avec qui je pouvais entreprendre ce Chemin.

Merci à monsieur Serge Quesnel, un précurseur sur ce Chemin, dont les notes personnelles me furent très précieuses.

Merci à madame Camille Laperrière, qui m'a précédé d'un an sur ce chemin, et dont les conseils me furent d'un grand secours.

Merci à mes fidèles correcteurs, madame Christiane Dupont-Champagne, madame Éva Lambert, monsieur Raymond Champagne pour les conseils, la correction et l'amélioration des textes.

Pour tout renseignement concernant l'Association québécoise des Pèlerins et Amis de Saint-Jacques de Compostelle
http://www.duquebecacompostelle.org

Préface

C'était un jeudi.

Le 20 septembre 2001, vers midi.

J'avais repris la route, après trois jours de repos chez des amis espagnols, non loin de là.

Avant, j'avais marché 800 kilomètres, du Puy-en-Velay jusqu'à *Larrasoaña*.

Tous mes amis du Chemin de Saint-Jacques étaient loin devant.

Impression de solitude… ou de nouveau départ.

À l'entrée de *Pamplona*, assis sur un banc public, un homme a étalé une importante documentation.

Le gros sac, à son côté, trahit le pèlerin.

J'aperçois dans ses papiers un livre que je connais, un livre en français.

J'accoste l'inconnu : « Vous êtes perdu? »

J'ai oublié la réponse, mais je me souviens d'avoir été frappé par son accent québécois.

Je ne connais pas de Québécois, mais j'en ai déjà rencontré. Leur isolement francophone en terre américaine m'intrigue, me fascine même.

Petite conversation : il envisage de loger à *Pamplona,* ville qu'il a visitée dans le passé. Moi, je continue vers *Cizur Menor.* Rencontre de pèlerins. C'est fréquent. Nous n'aurions pas dû nous revoir.

Je ne l'ai su que plus tard, mais cette rencontre allait modifier quelques pages de ma vie.

Surprise! Le lendemain soir, nous nous retrouvons dans le même *albergue*, dans la même chambrée, à *Puente la Reina.*

Nous faisons plus ample connaissance.

Il se prénomme Claude et prend beaucoup de notes.

Comme moi, il marche seul, vient du Puy et va à *Santiago.* « Souperions-nous ensemble? »

« Bonne idée! »

Je le laisse à ses écritures et m'enquiers d'un restaurant. Ce sera notre quotidien jusqu'au 21 octobre, date de notre première arrivée, les pas de l'un dans ceux de l'autre, à *Santiago* ...que nous ne quitterons que le 25.

Internet aidant, une correspondance s'établit, régulière, fréquente... et le 1er mars 2002, il me parle pour la première fois d'un « chemin mozarabe » entre *Granada* et *Santiago.*

Tous deux, chacun de notre côté, nous cherchons de la documentation. Nous trouvons : *la Ruta de la Plata* prend son départ à *Sevilla.*

Nous fixons le nôtre au début du printemps 2004.

Fin mars 2004, les retrouvailles furent laborieuses, le Chemin parfois semé d'embûches, mais nous l'avons fait.

Si, parfois, j'ai vécu ou ressenti certains événements de manière légèrement différente, son récit de notre périple est une image fidèle de chaque instant de nos mille kilomètres de progression vers *Santiago*.

Mais pour cela, je lui laisse la parole.

Roger Thomas

Le pèlerinage

Les premiers pèlerinages remontent au IVe siècle de l'ère chrétienne. Sous le règne de l'empereur Constantin, la religion catholique s'étend rapidement à travers l'empire. Désireux d'alimenter leur foi, des hommes et des femmes se mettent en marche pour aller se recueillir sur le tombeau du Christ à Jérusalem, alors que d'autres se dirigent vers Rome où mourut saint Pierre, le premier chef de l'Église.

Trois cents ans plus tard, des guerres se déclarent entre les chrétiens et les disciples de Mahomet, rendant plus dangereux les chemins vers Jérusalem. À la même époque, la découverte du tombeau de saint Jacques le Majeur, à l'ouest de l'Espagne, attire non seulement les Espagnols, mais aussi les chrétiens du centre de l'Europe. L'Église catholique, par la voix des papes, invite les croyants à défendre la terre chrétienne et à chasser les Mores qui ont envahi l'Espagne. Ce mouvement prend de l'ampleur autour de l'an 1000 et va conduire aux grandes croisades et au développement des deux grands centres de pèlerinage que seront Rome et *Santiago de Compostela.* Les croyants de toute la chrétienté se rendent à Rome pour recevoir la bénédiction du souverain pontife ou prennent la direction de *Santiago* pour mettre de l'ordre dans leur vie. Sur les cartes de l'époque, cette ville est située complètement à l'ouest. La croyance populaire d'alors imagine que chacun devra suivre le mouvement du soleil, c'est-à-dire la direction ouest pour aller au ciel. De là est née l'idée que les chrétiens doivent faire ce pèlerinage pour préparer leur mort.

Au XIIe siècle, l'ère des pèlerinages atteint son apogée. Pour une population globale de cinquante millions d'habitants en Europe, chaque année, des milliers de personnes partent pour Rome ou Compostelle. Français, Britanniques, Flamands, Hanséatiques, Scandinaves, Allemands des pays rhénans, Suisses, Italiens, Polonais, Hongrois, et d'autres encore, tous, pèlerins venus de l'ensemble de la chrétienté, arrivés par des chemins divers et innombrables, par voie terrestre ou maritime, rallient les quatre grandes voies, celles qui passent par Tours, Véselay, Puy-en-Velay et Arles, qui convergent vers *Puente la Reina*, pour former le *Camino francés* menant au tombeau de l'apôtre Jacques, à Compostelle. Les chemins de Compostelle sont nés de ce flot de pèlerins qui ont traversé l'Europe durant plus de cinq siècles. Au XVe siècle, l'arrivée du protestantisme, les guerres de religion et surtout la célèbre Inquisition espagnole vont mettre un terme à ces mouvements de masse.

Au milieu du XXe siècle, plusieurs historiens se penchent sur ce phénomène historique et vont épousseter les traces de ce que certains appellent « le début de la

Communauté européenne ». Des personnes qui désirent renouer avec l'histoire ancienne partent à la recherche de ces chemins de Compostelle. Le goût renaît pour la marche en solitaire et la découverte de ce passé oublié. Plusieurs voient dans cet engouement pour les chemins anciens une façon de rapprocher les diverses nations qui composent l'Europe d'aujourd'hui. En 1987, les dirigeants de la Communauté européenne viennent en aide aux historiens en instaurant une commission chargée de faire revivre ces sentiers qui traversent toute l'Europe. C'est ainsi que les responsables de la *Via de la Plata* reçoivent des subsides pour construire des *albergues* et développer cette voie appelée « chemin mozarabe », considérée comme l'épine dorsale de la vieille Espagne.

Historique du chemin

Le nom *via* vient du latin et veut dire « chemin », alors que *Plata* tire son origine de la langue arabe et signifie « pierreux ». Les Mores, qui découvrirent ce chemin en envahissant l'Espagne au VIIIe siècle, s'empressèrent de l'utiliser pour conquérir la Péninsule ibérique et entreprendre leur montée vers la France. Ce chemin n'était pas nouveau. Les premières peuplades qui venaient de l'Afrique avaient envahi ces nouvelles terres de la même manière. Hannibal, le grand général carthaginois, avait lui aussi utilisé ce chemin pour marcher sur Rome et vaincre les célèbres légions romaines.

Cependant, ce sont les Romains qui vont vraiment construire ce chemin et le rendre facilement carrossable. Commencé en l'an 139 av. J.-C. par le consul Quintus Servilius, chargé de l'administration de l'Espagne, et poursuivi durant les guerres contre Viriate en 78-79 par le proconsul Caelius Metelus, le chemin va être construit, comme nous le connaissons aujourd'hui, sous l'ordre de l'empereur Auguste, en l'an 25, qui désire ainsi relier *Merida* et *Astorga* aux voies romaines déjà existantes. Pour cette raison, sur les cartes des ingénieurs romains, ce chemin s'appelle souvent « la *Via Augusta* » ou la voie romaine numéro vingt-quatre. Au cours des années qui vont suivre, ce chemin va descendre plus au sud en passant par *Italica* et atteindre le port de Cadix. L'empereur Trajan, né à *Italica*, va donner ses heures de gloire à cette voie en favorisant la construction de nouvelles villes le long de son parcours comme celle de Cáparra, détruite par les Vandales et qui ne fut jamais reconstruite. Aussi, certains historiens latins nommeront cette voie « la *Via Trojana* », sans doute pour faire plaisir à l'empereur.

Peu avant la chute de Rome, lors des grandes invasions barbares, ce chemin vit les hordes de guerriers déferler de tous les côtés. Ce sont d'abord les Vandales qui, laissant libre cours à leur instinct de destruction, ravagent les plus belles villes romaines, puis suivent les Goth et les Wisigoths, des peuplades plus civilisées, qui tenteront de rebâtir de nouvelles cités sur ces ruines encore fumantes.

En 711, poussés par un grand désir d'imposer la doctrine de Mahomet, les Mores abordent le rivage de l'Espagne. La *calzada romana,* encore en parfait état, devient le chemin tout tracé pour monter vers le nord. Le général *Muza*, qui dirige les troupes berbères, est heureux de découvrir une voie rectiligne, solide, où ses cavaliers montés sur de rapides alezans peuvent franchir de longues distances en une seule journée. En moins d'un an, ses armées vont se retrouver sous les murs de *León*. La conquête achevée en peu de temps permet aux

Arabes d'utiliser ce chemin pour consolider leur pouvoir sur la Péninsule ibérique.

Quand les rois catholiques entreprennent la *Reconquista* (la reconquête de l'Espagne), c'est le long de cette voie qu'auront lieu les principales batailles. En 778, l'empereur Charlemagne refoule les Sarrazins jusqu'aux abords des murs de Cordoue. La bataille terminée, les Francs croient avoir vaincu définitivement leurs adversaires. Mais à peine les armées franques ont-elles franchi les Pyrénées que les Mores reprennent le territoire. De nombreuses guerres vont se succéder au fil des ans, où chacun des deux camps, les Arabes et les catholiques, vont se disputer pouce par pouce ce chemin tant convoité. La plus sanglante de ces guerres est sans doute la célèbre invasion du cheik *Al Mansur*, un homme cruel qui détruit tout sur son passage. Il se rendra à *Santiago* qu'il laissera dans un piteux état, emportant même les cloches de la cathédrale jusqu'à Grenade. Plus de six cents ans seront nécessaires pour libérer ce chemin et le redonner aux rois catholiques. Ce n'est qu'en 1236, avec la prise de Séville par les Espagnols, que la voie retrouve sa liberté. Mais il faudra attendre 1492 pour que les Arabes abandonnent Grenade et quittent définitivement la Péninsule ibérique.

L'histoire de l'Espagne nous apprend que de multiples guerres et des événements importants ont marqué ce fameux chemin, de telle sorte que les Espagnols ont raison d'appeler la *Via de la Plata* « l'épine dorsale de la vieille Espagne ».

Par contre, malgré toutes ces guerres, le peuple mozarabe n'a cessé d'emprunter ce chemin pour se rendre à *Santiago*, lieu de prières et de rassemblements pour tous les Espagnols. Aussi, même si ce sentier rejoint le *Camino francés* seulement à *Astorga*, il doit être considéré comme faisant partie des « autres chemins de Compostelle ». Dans tous les livres consultés, ce chemin semble généralement appelé par les Espagnols « le sentier mozarabe » pour le distinguer des grands chemins du nord.

Mon parcours : 42 jours 1042 kilomètres

Date :	Lieu :	Distance en kilomètres :
19 mars 2004	*Sevilla*	0
20	*Guillena*	24
21	*Castilblanco de los Arroyos*	20
22	*Almadén de la Plata*	32
23	*El Real de la Jara*	18
24	*Monesterio*	22
25	*Fuente de Cantos*	23
26	*Zafra*	28
27	*Villafranca de los Barros*	21
28	*Torremegía*	28
29	*Mérida*	16
30	*Aljucen*	21
31	*Alcuescar*	22
1 avril 2004	*Aldea del Cano*	30
2	*Casar de Cáceres*	36
3	*Cañaveral*	34
4	*Galisteo*	30
5	*Carcaboso*	12
6	*L'Hostal Asturias*	40
7	*Aldeanueva del Camino*	19
8	*Calzada de Béjar*	23
9	*Fuenterroble*	21
10	*San Pedro de Rozados*	29
11	*Salamanca*	24
12	*Calzada de Valdunciel*	15
13	*El Cubo de la Tierra*	20
14	*Zamora*	32
15	*Montamarta*	19
16	*Granja de Moreruela*	22
17	*Benavente*	26
18	*Alija del Infantado*	24
19	*La Bañeza*	25
20	*Astorga*	25
21	*Rabanal del Camino*	21
22	*Ponferrada*	33
23	*Villafranca del Bierzo*	24
24	*O'Cebreiro*	32
25	*Triacastela*	21
26	*Barbadelo*	23
27	*Gonzar*	26
28	*Melide*	30
28	*Brea*	30
29	*Santiago*	21

Sevilla

Séville, le 19 mars 2004, 17 h 00

En ce vendredi après-midi, une foule de touristes bourdonne autour de l'immense cathédrale. *La Giralda*, cet ancien minaret construit par les Almohades, transformé aujourd'hui en une magnifique tour-clocher, radieuse dans le ciel bleu de l'Andalousie, veille sur la ville et sur ses monuments. Le soleil, déjà à l'ouest, crée des zones d'ombre où la fraîcheur succède à la chaleur du midi.

Sur le trottoir, à côté de l'une des portes de la cathédrale, celle que l'on appelle la « porte royale » et qui présente une grande statue de saint Jacques en habit de pèlerin avec le bâton, la besace et le chapeau décoré de la coquille, j'attends mon ami Roger Thomas. À mes pieds, une grande coquille Saint-Jacques me rappelle que c'est ici que commence la *Via de la Plata*, le chemin que je prépare avec mon ami belge depuis trois ans.

Notre rencontre devait avoir lieu hier. Nous nous étions donné rendez-vous à notre appartement à 18 h 00, au 26 de la rue *Pascual de Gayangos*. Je dis « notre », car je suis venu à Séville avec ma femme Micheline et sa sœur Yolande. Elles doivent visiter Séville et d'autres villes du sud de l'Espagne avant de rentrer au Canada. À l'heure prévue, j'ai fait le pied de grue devant l'appartement alors qu'un violent orage s'abattait sur la ville. Aucun signe de Roger.

Aujourd'hui, à trois reprises, j'ai laissé des messages électroniques à Roger pour lui indiquer un endroit précis où me rencontrer. Toujours sans réponse. Je me suis même rendu au *Hostal Albanic, Calle Aguilas, 17,* où il devait dormir, avec sa femme et le prêtre *Nacho* qui les accompagnait. « Aucune trace dans le registre », m'a dit la gérante de l'établissement. Je dois me rendre à l'évidence : Roger n'est pas venu à Séville.

Au début de l'après-midi, je suis allé chercher ma *credencial* à la cathédrale, me préparant à partir seul. Ce carnet du pèlerin agit comme un sauf-conduit pour entrer dans les gîtes. À chaque fois que nous logeons dans une nouvelle localité, nous présentons notre *credencial*, nous la faisons tamponner afin de pouvoir montrer que nous sommes de vrais pèlerins, que nous avons réellement fait ce chemin. Ce petit carton plié en accordéon fait figure de passeport pour le pèlerin. C'est pourquoi nous en prenons un soin jaloux.

Pour obtenir ma *credencial*, je dois entrer par la porte qui donne sur la chapelle de *Santa Justa* et de *Santa Rufina*. Malheureusement, des travaux en cours bloquent l'entrée et il me faut faire mille et un détours pour trouver le bureau où un préposé remet ce fameux carnet. Quand j'entre dans le bureau en question, un vieux prêtre semble en prière. Je m'excuse d'abord, puis je lui dis que je viens acheter ma *credencial*. Je me rappelle qu'à Puy-en-Velay, en 2001, je l'avais payée 30 FF. Il lève d'abord les yeux, me regarde, puis après un moment de silence me répond : « *No se compra, se da.* » (On ne vend pas, on donne.) Ensuite, il me donne un formulaire à compléter. Une fois ma tâche accomplie, je lui tends la feuille. Il y jette un coup d'œil et fait glisser la *credencial* dans ma direction. Je la prends au moment où il lève légèrement la main au-dessus du pupitre. Je crois comprendre à travers ce geste rituel qu'il me fait signe de partir. Je le remercie quand même pour le document. En franchissant le seuil de la porte, je me dis que cet homme de Dieu a sûrement fait vœu de silence, ou bien qu'il économise ses mots parce qu'il aura à donner un grand nombre de *credencials* en cette année sainte et jubilaire. L'année sainte survient tous les six ans quand la fête de saint Jacques, le 25 juillet, tombe un dimanche, alors que l'année jubilaire, selon un calendrier connu des responsables de la basilique, se produit une ou deux fois par siècle.

Quand Micheline et Yolande viennent me rejoindre à la cathédrale, j'ai déjà baissé les bras. Ce chemin que nous avions préparé à deux, je devrai le faire seul. La tristesse se lit aussi sur leurs visages. Aucun doute qu'elles compatissent avec moi. Nous décidons alors de faire ce premier tronçon du chemin ensemble. Elles veulent elles-mêmes découvrir le fléchage sans que je leur fournisse de l'aide.

En plus de la coquille à mes pieds, nous pouvons apercevoir, juste en face de nous, sur le mur extérieur de la Banque Almonte, une coquille en *azulejos* (une tuile en céramique ayant pour dessin une coquille stylisée jaune sur fond bleu). Donc, pas de doute, le chemin commence ici. Nous traversons *l'Avenida de la Constitución* au passage zébré, puis sur la gauche, nous empruntons la *Calle Garcia de Vinuesa*, la *Calle Santas Patronas* et nous débouchons sur la grande rue qui va nous conduire au pont *Isabel II*, la *Avenida de los Reyes Catolicos*. Pour Micheline et Yolande, reconnaître les flèches jaunes sur un coin de trottoir, une borne ou une coquille en *azulejos* sur les maisons devient un jeu d'enfant. De fait, suivre les flèches de ce chemin n'est pas une activité différente de celles de notre jeunesse lors d'excursions en forêt. Nous nous retrouvons sans difficulté sur le pont où, en cas de problème, j'ai donné rendez-vous à Roger, puisque nous devons passer obligatoirement à cet endroit pour retrouver le fléchage à la sortie, sur la droite. Comme Roger n'est pas venu…

Nous arrêtons au marché pour acheter notre souper, puis nous regagnons notre appartement. L'âme triste, j'ouvre la bouteille de mousseux que nous nous étions procurée pour célébrer l'arrivée de mon ami. L'incertitude du départ et la tristesse de la séparation occupent toute la place. Plutôt silencieux, nous buvons notre vin tout en préparant notre repas frugal.

En mettant la dernière main à mon sac, je jette un coup d'œil à la météo : on annonce quelques journées de beau temps. C'est bien la seule bonne nouvelle de la journée. Je me couche tôt, car je veux partir au lever du soleil, le lendemain.

Le sommeil tarde à venir. Le fait de partir seul me pèse beaucoup. Pourtant, ce n'est pas la première fois que je pars seul. Je me rappelle, à treize ans, mon départ pour le collège. La tristesse de mon père. Il avait trouvé trop dur de me voir quitter la demeure familiale, il était resté à l'étable. Un jeune homme du onzième rang que je connaissais peu était venu me reconduire. Nous n'avions pas échangé deux mots durant les trente kilomètres qui séparaient ma maison du collège. Je comprends un peu mieux aujourd'hui l'attitude de mon père. J'étais le seul fils d'une famille de six enfants à quitter la terre. Ma mère pleurait... mais il me fallait partir, car c'était la seule façon de réaliser la vie que je voulais vivre.

Partir seul... J'ai connu au cours de ma vie d'autres départs en solitaire. Des départs plus intimes, plus personnels. À seize ans, après une gifle de mon directeur de noviciat, j'avais décidé que ma vie m'appartiendrait pleinement, que jamais je ne cèderais le gouvernail à quelqu'un d'autre. À dix-neuf ans, après avoir été écrasé par un rouleau de plus de deux tonnes, j'étais abandonné à mon sort par les médecins qui jugeaient ma situation trop critique. Avant de perdre définitivement conscience, j'avais décidé que j'allais tout faire pour survivre, que je n'abandonnerais jamais. À la sortie de mon coma, j'ai appris petit à petit à reprendre mon équilibre, j'ai appris à marcher avec mes handicaps, mais surtout à penser différemment. C'est durant ma convalescence que m'est venu le goût pour l'écriture, un besoin qui n'a jamais cessé de croître.

Mon réveille-matin vient interrompre mes rêves... La réalité retrouve tous ses droits. C'est l'heure de partir. Après un brin de toilette et le petit déjeuner que Micheline et Yolande m'ont préparé avec beaucoup de gentillesse, j'empoigne mon sac et fais mes adieux. Décrire toute l'émotion qui règne alors dans ce petit appartement me paraît encore impossible aujourd'hui. Je partais seul sur ces sentiers inconnus avec une jambe malade et pour seuls témoins quelques vipères, des cochons noirs et des taureaux aux cornes effilées.

La douleur dans ma jambe n'est pas venue par hasard. En effet, durant l'automne 2003, chaque jour, pour ma marche quotidienne, j'ai chaussé des bottes toutes neuves avec lesquelles je voulais faire ce chemin. En décembre, j'avais dû tirer mes conclusions : ces bottes avaient réveillé une vieille blessure qui datait de mon accident et elles ne cessaient de l'aggraver. Il fallait les mettre de côté, je ne pourrais jamais les porter pour de longues distances. En toute hâte, j'ai fait réparer mes vieilles bottes dans lesquelles mes pieds s'étaient glissés pour parcourir la distance entre *Puy-en-Velay* et *Santiago,* en 2001. Je les avais mises au rancart, les jugeant trop endommagées. Je leur demandais, bien malgré elles, de reprendre du service. Mais pour cette jambe gauche blessée, le mal était déjà fait. C'est donc en tirant de l'aile que j'entreprends aujourd'hui ce chemin.

C'est presque au bord des larmes que je franchis le seuil du petit appartement, après les derniers baisers, les accolades chaleureuses, et que je me retrouve dans la rue. Mon gros sac à dos, chargé des bouteilles remplies d'eau et d'un matelas de sol solidement fixé, doit peser près de quatorze kilos. En remontant *Pascual de Gayangos*, je sens l'inflammation de ma jambe. Une douleur lancinante qui démarre dans la fesse et descend jusqu'à la cheville. Psychosomatique? Possiblement.

Au bout de ma rue, la *Calle de Arjona* peut me conduire directement au pont. En vrai pèlerin, je préfère la traverser et prendre un petit sentier qui serpente dans un parc, le long du *Guadalquivir*. En ce samedi matin, la ville commence à peine à s'éveiller. Suivre ce petit sentier serait un vrai délice si ma jambe cessait de faire la rebelle. Mais l'incertitude, l'inquiétude et le membre blessé, tout concourt à dévorer ma joie de partir. J'avance comme un canard boiteux qui traîne sa tristesse.

Arrivé sur le pont *Isabel II*, je m'arrête pour une photo. Le *Guadalquivir*, paisible en ce doux matin, coule lentement vers l'océan, laissant tout le loisir aux petites embarcations d'y circuler sans aucun danger. Au pied d'un pilier, une famille de canards fête le lever du soleil. Il n'en faudrait pas beaucoup plus pour qu'ils me retiennent sur place. Pendant que je range mon appareil photo dans son étui, j'entends derrière moi : « Claude, Claude! » C'est Roger qui arrive!

Nous tombons dans les bras l'un de l'autre et nous restons dans cette position plusieurs secondes, malgré la rue qui s'anime autour de nous, tellement notre joie est grande de nous retrouver. Puis, après quelques explications échangées, nous repartons côte à côte. Roger m'explique les difficultés qu'il a eues à son arrivée à Séville. L'orage a tout chamboulé. La force de la pluie, l'empêchant de voir les indications, l'a obligé à s'arrêter. Puis, en compagnie de sa femme et du prêtre *Nacho*, il a dû se rendre à leur hôtel afin de ne pas perdre leur réservation. Leur visite à notre appartement a eu lieu quand nous étions déjà partis pour le restaurant. S'en est suivi un long enchaînement de rendez-vous manqués. Des difficultés sur le réseau informatique en Belgique ne leur permettaient pas d'utiliser Internet. Bref, nous nous étions sûrement croisés de très près, mais saint Jacques avait voulu que notre rencontre ait lieu sur le pont *Isabel II*. Ce qui vient de se produire. Enfin, le chemin peut commencer.

Pour quitter Séville, il suffit de prendre la rue *Castilla*, parallèle au *Guadalquivir*, à droite, à la sortie du pont. Malheureusement, rendus là, absorbés par nos explications, nous ignorons complètement la flèche jaune qui nous indique de tourner vers la droite. Nous empruntons plutôt un beau sentier sous les arbres qui monte vers le nord. Erreur! Saint Jacques nous rappelle à l'ordre sous la forme d'une vieille dame qui promène son chien. Elle s'avance vers nous en ouvrant ses bras pour nous barrer le chemin. «*Señores peregrinos…*» Elle nous explique que nous venons de faire un demi-kilomètre en trop, qu'il nous faut retourner sur nos pas et qu'une flèche nous invitera à gravir l'escalier qui nous conduira au carrefour. Nous suivons ses directives à la lettre, nous promettant d'être plus attentifs à l'avenir.

Après la traversée de la route et du pont qui enjambe le deuxième bras du *Guadalquivir*, nous avons le choix, soit de passer à travers la ville de *Camas*, soit de la contourner par un petit sentier en terre. Sans hésitation, nous préférons cette deuxième solution, espérant le plus rapidement possible nous retrouver dans un endroit paisible. Les muscles de mes jambes réchauffés, la douleur devient moins intense. Je retrouve progressivement la joie de porter le sac. Deux kilomètres avant *Santiponce*, sur les hauteurs d'une colline, j'aperçois le site des ruines romaines de *Italica*.

À l'époque romaine, Séville n'existait pas. Le *Guadalquivir*, qui n'avait pas été aménagé de mains d'hommes, s'étendait dans tous les sens et formait de larges marécages. Les Romains avaient construit *Italica* à dix kilomètres du grand fleuve, sur une colline qui dominait la région. La ville avait connu ses heures de gloire. Les empereurs Hadrien et Trajan étaient nés dans cette ville et en avaient fait une cité resplendissante et prospère. Au début de l'ère chrétienne, l'Espagne, conquise par Rome depuis un siècle, fournissait une large part de soldats à l'Empire. Les légions espagnoles s'étaient forgé une excellente renommée, plusieurs généraux étaient sortis de ses rangs et certains, comme Trajan et Hadrien, étaient devenus empereurs de Rome.

En apercevant au loin le large amphithéâtre, je laisse tomber les Romains et mes pensées vont plutôt vers *Santa Justa* et *Santa Rufina*, deux saintes très vénérées par les habitants de Séville. Dans la cathédrale, une très belle chapelle leur est réservée. Leur histoire est particulière. Au IIIe siècle, lors d'une fête de Vénus, ces deux jeunes vierges avaient refusé de participer à une procession et d'exposer leurs charmes à la population, comme le voulait la tradition. Elles furent donc condamnées à être écartelées dans l'amphithéâtre de *Italica* devant une foule en délire. Les gentilles bêtes, sensibles à la beauté des jeunes demoiselles, qui étaient ficelées à leur harnais, ne voulurent pas bouger. Il fallut qu'un imbécile agite devant leurs yeux un chiffon trempé dans le vin rouge pour que les bêtes à cornes s'affolent. L'action n'a duré qu'un instant, les deux taureaux sont partis dans des directions opposées. Je vous laisse imaginer la fin du spectacle. Certains prétendent que la tauromachie est née ce jour-là, en Espagne. Une seule certitude : la race bovine espagnole d'aujourd'hui paie cher la bévue de ses ancêtres.

Nous arrivons à *Santiponce* peu avant 11 h 00. Cette belle petite ville, avec ses maisons toutes blanches comme nous en verrons plusieurs autres en Andalousie, est accolée au site romain de *Italica*. Du bar où nous nous sommes arrêtés, nous pouvons voir l'entrée des touristes pour les visites guidées. Avec un lourd sac à dos, difficile de s'aventurer parmi des ruines qui exigent une étude minutieuse. Pendant que la serveuse nous prépare notre *bocadillo* (sandwich espagnol), elle nous invite à jeter un coup d'œil sur les photos à l'intérieur du bar. Les ruines de *Italica* y sont représentées sous une forme artistique remarquable. Une invitation à revenir pour une visite plus approfondie.

À la sortie de la ville, le sentier emprunte pendant quatre kilomètres une piste cyclable rectiligne et surélevée. Aucun doute possible, nous sommes sur un tronçon de voie romaine. Souvent, sur ce chemin, nous allons retrouver de tels sentiers. Entre *Italica* et *Astorga,* au nord de la Castille, la *Via de la Plata*, notre sentier, suit le tracé de l'ancienne *Via Trojana*, la voie romaine numéro vingt-quatre sur les cartes routières de l'Empire. Ce chemin construit par les Romains, les Espagnols d'aujourd'hui l'appellent « *la calzada romana* ». Nous en verrons de longs parcours entre *Merida* et *Astorga*, car cette route reliait les deux villes administratives : *Emerita* (*Merida*) et *Astorica* (*Astorga*). C'est pour cette raison que dans les livres en latin on appelle cette route *Iter Emerita Astoricam* (le chemin de *Emerita* à *Astorica*).

Sur ce sentier qui traverse des champs sans habitations, mon imagination retrouve sa liberté. Le spectacle des ruines romaines a éveillé des souvenirs endormis, ceux de mes cours de latin durant mes premières années d'enseignement. Les longues heures passées à traduire de vieux textes représentent peu de moments passionnants. L'histoire et la civilisation romaine ont su, au contraire, captiver mon intérêt et celui de mes élèves. En marchant sur ce sentier, mes bottes soulèvent la poussière d'un passé que je croyais oublié. Le long de ce chemin, mes pensées vont revenir souvent vers cette époque inconnue pour plusieurs d'entre nous. En cet après-midi plutôt chaud pour la saison (il fait trente-deux degrés à Séville), le soleil accable le pèlerin. Malgré la fatigue, ma mémoire fouille dans mes souvenirs à la recherche de jeux douloureux comme ceux de l'arène. Les Romains en étaient friands. À chaque nouveau conquérant qui remontait triomphalement la *Via Appia* vers le Capitole, la foule criait : « Du pain et des jeux! » Malheureusement, ces jeux étaient habituellement sanglants. La simple évocation des gladiateurs en fait foi. Ces hommes, tous prisonniers, qui devaient tuer leurs pairs pour conquérir leur liberté, me sont toujours apparus comme l'image même de la désespérance. Chacun devait obligatoirement se présenter devant l'Empereur et prononcer la petite phrase assassine : « *Moritori te salutan, O Cesar*! » (Ceux qui vont mourir te saluent, ô César!) Existe-t-il une phrase plus barbare?

Plusieurs se demandent à quoi l'on pense sur ces sentiers de solitude. Eh bien, ce sont souvent des idées folles comme celles-là qui galopent dans notre esprit. Notre imagination puise dans notre mémoire tout ce qui, du passé, trotte, gigote, barbote ou simplement sautille. Pour une fois, notre esprit est ouvert à tous vents.

La tête partie dans les nuages, je m'aperçois soudain que Roger s'est arrêté devant une mare d'eau. Il m'attend. Notre première rivière à gué, mais sans gué, puisque je ne vois aucune pierre où mettre les pieds. L'unique solution : enlever les bottes, remonter les pantalons et traverser pieds nus. Roger part le premier, s'avance lentement et s'enfonce jusqu'aux genoux dans l'eau. Dans ce genre de traversée, l'important, c'est de ne pas se blesser. Le bâton devient dans ce cas pratiquement obligatoire, car il permet d'éviter un déséquilibre. Tout se passe bien. Je traverse à mon tour sans problème. Mais de l'autre côté, il faut attendre un bon vingt minutes afin que la peau sèche complètement, sinon de nouvelles ampoules naissent à coup sûr. Heureusement, quelques belles roches nous offrent un siège et le soleil de 15 h 00 travaille efficacement.

Une heure plus tard, nous entrons dans *Guillena* après vingt-quatre kilomètres de belle marche. Un peu fatigués par la longueur du chemin et l'ardeur du soleil, nous nous arrêtons au premier bar pour une petite *Mahou* (bière espagnole). Le jeune homme nous indique le chemin à suivre pour nous rendre à la *Oficina de la Guardia Civil,* où nous pouvons nous procurer la clé du centre sportif où nous voulons dormir. De plus, il nous offre de venir prendre le souper dans son établissement, son père étant le cuisinier. Du même coup, cet aimable jeune Espagnol a résolu nos deux besoins essentiels du chemin : trouver un lieu pour dormir et une table pour manger.

À la *Guardia Civil*, le policier nous reçoit avec gentillesse et appose le *sello* sur notre *credencial.* Comme je l'ai mentionné plus tôt, mettre le tampon de la municipalité sur notre carnet du pèlerin est essentiel, car c'est la seule façon de nous faire reconnaître comme pèlerin de Saint-Jacques de Compostelle. Puis, le policier nous indique le chemin à suivre pour nous rendre au centre sportif, nous avertissant cependant qu'un couple de Français s'y trouve déjà. Il ajoute, sans doute pour que l'on se prépare au pire, qu'une jeune Allemande est venue demander la clé, hier, mais qu'une demi-heure plus tard, elle est revenue la rendre, jugeant la situation trop précaire.

Nous partons donc à la périphérie du village à la recherche de notre gîte. À notre arrivée, les Français occupent tout l'espace, qui n'est pas plus grand que mon salon, mais acceptent de nous laisser une partie du territoire. Une toilette et une douche se cachent derrière un paravent. Nous étendons nos tapis de sol sur la tuile après avoir nettoyé un peu le plancher. La propreté du lieu laisse nettement à désirer. On peut supposer que le plancher n'a pas été lavé depuis l'année dernière, et les toilettes non plus. Bref, les conditions sont jugées minimales, mais comme nous n'espérions pas faire ce chemin sur un tapis de Turquie, nous nous installons sans rechigner. Après la douche et la lessive, nous pensons faire une petite visite du village. Mais nous ne pouvons pas fermer le local à clé, car la toilette sert aussi aux joueurs de *foot*. Pendant plus d'une heure, durant toute la partie, nous assistons à un va-et-vient de jeunes adolescents qui ressentent le besoin de passer par la toilette. À notre grande surprise, ils agissent avec respect et en profitent pour faire un brin de causette.

À 20 h 30, nous pouvons mettre la clé dans la porte et nous rendre au bar pour la soupe. Les Français nous accompagnent. La température étant agréable, nous nous installons sur la terrasse pour souper. Comme cela se produit généralement dans les petits bars de village, c'est le patron qui choisit le menu. Nous n'avons qu'à nous asseoir et à espérer. Ce soir, le repas ne mérite aucun reproche : une bonne bouteille de vin pour ouvrir l'appétit, des olives vertes, une salade sans laitue, des champignons à la mode andalouse, du poisson grillé et pour finir, une excellente côtelette de porc *iberico*. À la fin du repas, le patron nous prépare deux *bocadillos*, car il faut bien penser au lendemain.

Cette nuit, impossible de dormir, ma jambe me fait trop mal. Même si je change de position, la douleur persiste, lancinante, constante. Le matin, aux premières pâleurs du jour, j'ai l'impression d'être plus fatigué qu'au moment de me coucher. À 6 h 30, mon réveille-matin sonne, je me lève pour le petit déjeuner : deux petits gâteaux et une bouteille de jus d'orange. Pas question de s'attarder davantage. Nous sortons du village avant le lever du soleil avec un ciel sans nuages et du temps frais. Une belle journée s'annonce.

Dès la sortie du village, le sentier s'engage à travers les champs, d'abord le long d'un petit aéroport, puis au milieu des pâturages, et finalement parmi des plantations d'oliviers et de chênes-lièges. Nous montons vers la *Sierra del Norte*. Toute la journée, le sentier chemine par monts et par vaux à travers de jolies collines que les Espagnols appellent des *toboganes*, et qui suivent constamment une ligne ascendante. De plus, l'orage très fort de jeudi dernier a creusé de larges sillons. Le chemin, dans les montées, s'est transformé en ravin et plusieurs petits ponts ont subi des dommages importants. Le marcheur doit être constamment attentif. Les terrains plats sont souvent boueux et marécageux. Donc, très pénibles pour le marcheur. À quatre kilomètres de *Castilblanco*, le sentier suit la route parallèlement, mais les dégâts laissés par l'eau sont si importants que nous préférons marcher sur l'accotement asphalté. Cette longue montée vers le village vient s'ajouter à une situation déjà pénible. Avec ma nuit d'insomnie et ma jambe qui traîne, la fatigue se fait sentir. Roger ne connaît pas un meilleur sort. À l'arrêt de 10 h 00, il m'a montré les deux grosses ampoules qui recouvrent ses talons. Sa douleur est sans doute plus aiguë que la mienne. Pour une fois, il tire de l'arrière, mais il ne se plaint pas. Nous entrons à *Castilblanco* alors que tinte l'*angelus* du midi au clocher de l'église.

Ce très beau village avait séduit le grand écrivain Cervantès qui a créé dans ce cadre pittoresque l'un de ses romans les plus connus : *Las dos Doncellas* (Les deux pucelles).

Notre gîte se trouve de l'autre côté de la municipalité, c'est-à-dire sur l'autre versant de la colline. Le fléchage nous y conduit sans aucune forme d'hésitation. Une barrière métallique en restreint l'entrée, mais aucun cadenas ne s'y trouve. Un beau gîte tout neuf avec des lits individuels. Un pèlerin espagnol nous a précédés. Il nous ouvre les portes et nous pouvons nous installer paisiblement. La petite boîte de *donativo* se trouve bien en vue. Chacun donne ce qu'il veut. Personne ne viendra nous importuner au cours de la journée. Le couple de Français arrive vers 13 h 00 et un autre Espagnol se joindra à nous vers 18 h 00. Six pèlerins pour partager ce petit dortoir de douze lits. Comme le gîte se trouve au deuxième étage d'un édifice municipal, une belle terrasse nous permet d'étendre notre linge et de profiter pleinement du soleil. Appelé à faire le docteur, j'aide Roger à poser convenablement sur ses talons les « secondes peaux[1] » que j'ai apportées du Québec. L'opération terminée, je l'invite à exposer ses ampoules au soleil, espérant que les chauds rayons améliorent la situation.

1. Produit commercialisé sous le nom de « 2nd Skin® ». Il s'agit de bandes adhésives qui permettent une guérison rapide des ampoules causées par le frottement des chaussures lors d'activités physiques, par exemple.

Dans les villages, la recherche de nourriture exige parfois de longs efforts. Les petits magasins d'alimentation ne sont pas annoncés ou ne sont connus que par les gens de la place. Certains jours, le dimanche par exemple, tout est fermé. Comme nous sommes le Jour du Seigneur, je fais une première incursion vers 15 h 00. Sans succès! Même les bars n'offrent pas de souper. Je reviens au gîte pour annoncer la mauvaise nouvelle à Roger. Après discussions, nous décidons de faire un périple plus large vers une autre partie du village. Cette fois, dame chance nous favorise. Non seulement trouvons-nous les petits gâteaux pour le déjeuner, mais de plus, le gérant d'un bar accepte de nous recevoir à souper vers 20 h 30, promettant de nous préparer un *bocadillo* pour le lendemain. Les Français, s'étant procuré le nécessaire pour manger, restent au gîte. Deux Espagnols viennent nous rejoindre vers la fin du repas.

À 21 h 30, je me glisse dans mon sac de couchage, complètement épuisé. Cette fois, aucune douleur ne peut m'empêcher de sombrer dans un sommeil profond. Selon la version de Roger, je ronfle dès que ma tête touche l'oreiller. Cependant, la souffrance me rejoint vers 2 h 00 et s'installe pour le reste de la nuit. Les yeux bien ouverts, je suis témoin encore une fois d'un violent orage. D'abord le vent, puis une pluie abondante vient fouetter les fenêtres. Heureusement, cet édifice tout neuf peut résister à toutes les tempêtes. Nous sommes bien à l'abri. Malgré ces heures tourmentées, au lever, je me sens mieux et je suis prêt à entreprendre une marche de trente-deux kilomètres à travers des collines.

Aujourd'hui, nous puisons dans nos livres guides l'information nécessaire pour poursuivre notre itinéraire. Le chemin se divise en deux sections : tout d'abord seize kilomètres sur le bord d'une route peu passante, mais toujours en montée, puis l'entrée dans un parc, une descente vers la rivière et une autre longue montée. C'est un peu comme si j'escaladais le mont Sainte-Anne au Québec, que je redescendais jusqu'à la rivière des Neiges, et que je remontais sur la montagne. Sur une distance de plus de trente kilomètres, les pentes sont moins fortes, mais l'importance du dénivelé demeure.

Nous partons avec nos bouteilles d'eau bien remplies parce que sur ce parcours, aucun ravitaillement n'est possible. Pas un bar, pas une fontaine. Je prends rapidement les devants, les talons de Roger le faisant souffrir. Comme je dois souvent l'attendre, j'en profite pour vérifier mon podomètre. Les bornes routières m'offrent une belle occasion de mesurer l'exactitude de l'instrument. Trois fois, l'instrument indique un kilomètre précisément d'une borne à une autre. Si jamais je ressens le besoin de l'utiliser, je saurai qu'il est très fiable. Pour l'instant, le fléchage, revu cette année par l'équipe de *Los Amigos de Sevilla*, semble suffisant, alors nous ne voyons pas l'utilité de nous en servir.

Seize kilomètres le long d'une route asphaltée, quand personne ne passe, quel bel exercice de patience! La route se déroule comme un long ruban dont les extrémités échappent à notre vue. Seules les bornes kilométriques nous indiquent que nous progressons. À chaque heure, je m'arrête un moment et j'attends Roger, qui avance péniblement. Ce n'est pas le lièvre trotteur, comme le baptiseront plus tard quelques pèlerins, mais la tortue qui souffre et qui piétine. À chaque fois que nous nous retrouvons, il me dit de ne pas m'occuper de lui, de poursuivre à mon rythme. Je ne peux le faire. Je sais que sa douleur aux talons est très inconfortable et que je ne dois pas l'abandonner. Je devine que mon tour viendra.

Nous arrivons à l'entrée du parc *El Berrocal* vers midi. Nous sommes tous les deux heureux de quitter la route. Le chemin ne sera pas plus facile, mais au moins le paysage va changer et la monotonie va disparaître. Roger espérait trouver une fontaine pour remplir sa gourde. Aucune source d'eau potable. Mes provisions sont abondantes, nous décidons de les partager, car il reste encore seize kilomètres.

Dans ce grand parc de chênes-lièges, nous ne rencontrerons personne, sauf quelques vipères qui sont venues profiter des chauds rayons du soleil. Elles semblent inoffensives. Dès que nous nous approchons, elles serpentent et vont se cacher dans les buissons. En de très rares occasions, nous pouvons profiter de quelques passages ombragés. Le chêne-liège dépasse rarement les six mètres, il lui est difficile de nous fournir de l'ombre. Selon mon guide, ce parc naturel est consacré à la plantation d'arbres. Pourtant, nous avons vu peu de nouvelles pousses. Cette variété d'arbre met de nombreuses années à se rendre à maturité et quand on lui enlève son écorce, le chêne-liège prend beaucoup de temps à se refaire une nouvelle peau. C'est sans doute pour cette raison que les transformations sont peu visibles pour des gens comme nous qui ignorons tout de ces arbres.

Peu après l'entrée dans le parc, nous descendons vers la rivière. Soudain, nous nous retrouvons devant une longue ligne droite. De fait, nous sommes sur une *calzada romana*. Il suffit d'observer là où des morceaux d'asphalte ont disparu pour voir, en dessous, des pierres de l'ancienne voie romaine. Peu après le pont, la route tourne à gauche et nous ne reverrons plus cette voie bien asséchée et rectiligne. Nous rejoignons un sentier tortueux, ravagé par l'orage de jeudi dernier, couvert de roches qui roulent jusqu'au village de *Almadén de la Plata*.

Les trois derniers kilomètres sont particulièrement pénibles. Les gens de la place ont appelé la dernière colline *El Calvario* et elle porte bien son nom. Il s'agit d'une montée abrupte vers deux postes d'observation, *los miradores*, qui offrent une vue magnifique de la région. Des travaux ont eu lieu cet hiver sur cette route forestière, c'est pourquoi la fragilité du sol n'a pas résisté à l'érosion créée par l'orage. Nous devons constamment sauter d'un côté à l'autre des larges sillons. À cause de mon sac et de ma jambe malade, cet exercice ne m'apparaît plus un jeu d'enfant.

J'atteins le premier *mirador* vers 16 h 00. De là, je peux voir Roger qui monte péniblement. J'aimerais bien aller l'aider, mais je sais qu'il n'acceptera pas. Un vrai pèlerin n'abandonne jamais son sac. Je me contente de l'attendre avec patience. Une fois réunis, et après quelques photos, nous redescendons par un sentier en forte pente vers le village de *Almadén de la Plata*. Nul ne peut douter que ces trente-deux kilomètres ont été conquis après de pénibles efforts.

Almadén de la Plata est un tout petit village entre des collines. La tour de l'horloge de la mairie, rouge et blanche, s'élève fièrement dans le ciel et carillonne au-dessus des autres bâtiments. Malgré son isolement, le village ne semble pas dépourvu de ressources. Quand nous arrivons au gîte, deux Espagnols sont déjà sur place. Ce grand *Albergue juvenil* peut accueillir une centaine de jeunes dans quatre dortoirs différents. Au premier regard, un grand refuge dans une petite agglomération étonne. Ce bâtiment est construit pour accueillir des groupes d'enfants, car la région offre d'excellentes occasions pour des excursions en montagnes. Nous sommes au cœur de la *Sierra del Norte* et les hautes collines qui nous entourent de tous les côtés présentent de belles possibilités avec ses sentiers solitaires. Les jeunes viennent ici en excursions organisées par leur école, ou encore, durant les congés scolaires. Le village se transforme alors en colonie de vacances.

Après la douche et la lessive, Antonio, le responsable du gîte, vient chercher ses cinq euros. Camille, une amie du Québec qui avait fait le chemin l'an dernier, m'avait prévenu au sujet du caractère difficile de cet Antonio. Aujourd'hui, à notre grand étonnement, il est de très bonne humeur et nous blaguons avec lui pendant que nous complétons les formalités. Puis, nous partons à la recherche d'une *tienda,* petite épicerie de village. Nous y achetons nos provisions pour le lendemain. Un pèlerin espagnol nous informe que le bar *Los Macias* s'engage à nous préparer le souper à la condition que nous soyons tous réunis à la même heure. La situation nous convient, nous lui donnons une réponse positive. C'est ainsi que nous nous retrouvons, à 21 h 00, à la même table que six Espagnols. L'un d'eux nous apprend que les Français ont décidé de faire bande à part, qu'ils ont pris un taxi pour venir ici et qu'ils couchent à l'hôtel. Chacun est libre de faire le chemin comme il le veut! Le souper se déroule sous le signe de la gaieté. Les Espagnols se montrent accueillants et nous apprenons à mieux connaître la région à leur contact.

La journée d'aujourd'hui a été suffisamment éprouvante. Avant de nous coucher, nous décidons de ne pas utiliser le réveille-matin et de faire une courte étape de dix-sept kilomètres le lendemain.

Difficile de changer nos habitudes! Dès les premières lueurs du jour, nous sommes debout. Cette fois, bien reposés. La journée s'annonce très belle, toute en douceur. Un sentier horizontal sillonne entre des collines. Plusieurs ruisseaux à traverser, mais aucun ne semble menaçant. De fait, durant les heures qui suivent, à travers des marécages ou au milieu de petits cours d'eau sans malice, nous allons poser nos bottes avec précaution sur des roches alignées dans les rivières pour traverser. La grande nouveauté du jour : nous marchons constamment le long de fermes de cochons noirs et, même parfois, nous passons au milieu du troupeau. Si l'on fait exception de l'odeur, qui ne diffère en rien de celle de nos fermes porcines, cette randonnée ne nous importune guère.

Le cochon noir, que les Espagnols appellent *el cerdo iberico*, est un animal robuste qui laboure la terre généreusement partout où il passe. Un peu plus gros que nos pourceaux, il se distingue surtout par sa couleur foncée. Ce porc inoffensif, ce fin connaisseur de tous les merdiers, sème le désordre autour de lui, se vautre dans la boue et se complaît dans la dégustation de la terre espagnole. Ne cherchez pas un brin d'herbe près des porcheries, tout le sol a été retourné à maintes reprises. Ce jouisseur apprécie le soleil, le farniente et aime se reposer après ses labours. En partie enfoui dans le trou qu'il s'est creusé, il nous regarde passer, l'œil terne, le groin hautain, témoin hébété de nos pérégrinations. Malgré son air de bonhomie, nous le préférons dans notre assiette plutôt que sur nos sentiers.

À la pause de 10 h 00, nous nous arrêtons à côté d'un *Miliario Año 2000* pour prendre une bouchée. Il s'agit d'une grosse pièce de granit rectangulaire, une colonne de deux mètres de hauteur, que les Espagnols ont placée à certains endroits précis pour fixer définitivement des repaires pour ceux qui font le tracé du chemin. En Andalousie, nous les retrouvons à tous les dix kilomètres, à peu près. En Estrémadure et en Castille, ces bornes prendront une forme différente.

Roger prend une grave décision, celle de tailler ses semelles intérieures qui, selon lui, sont la source de tous ses maux. Les jours suivants lui donneront raison. Ces semelles que lui avait préparées un podologue causaient plus de mal que de bien. La pièce, trop grande pour le fond de la botte, créait des bosses qui, elles, engendraient les ampoules. Les premiers jours de marche ont créé de lourds sévices à ses pieds et les plaies vont prendre du temps à guérir, mais au moins, la situation s'améliorera. Après le *bocadillo*, vers midi, à trois kilomètres avant le village de *El Real de la Jara*, nous parcourons un grand boisé de chênes-lièges, le domaine *El Chapparal*. Un site magnifique capable de donner le goût de marcher au sédentaire le plus endurci!

Au cours de la journée, nous croisons à quelques reprises un Espagnol avec qui nous avons soupé la veille. *Ramón*, fonctionnaire dans la trentaine de la région de Madrid, a décidé de regrouper ses congés pour faire le chemin de Séville. Célibataire et propriétaire de plusieurs animaux domestiques, il ne peut laisser ses chiens et ses chats à l'abandon. Il partage donc sa semaine en deux parties : il marche cinq jours sur les sentiers, puis retourne deux jours à Madrid pour faire sa lessive et soigner ses animaux. À chaque fois que nous le rencontrons, il a toujours un fait nouveau à nous expliquer ou une histoire à nous raconter. Durant les quatre jours qu'il a passés à nos côtés, ce pèlerin un peu spécial a été un très agréable compagnon de marche.

À un kilomètre du village, nous retrouvons *Ramón*, assis sur un banc, sous un chêne vert, juste à côté d'un monument. Notre ami Espagnol nous explique qu'il s'agit d'une stèle élevée à la mémoire de José Luis Salvador, le fondateur de *L'Asociación de Amigos del Camino de Santiago* et le principal instigateur de *La Via de la Plata de Sevilla*. À sa mort, en 1994, il a voulu que ses cendres soient répandues le long du chemin. Et quelques années plus tard, soit en 1997, des amis lui ont érigé ce monument. Le chêne vert (*la encina*) possède une grande valeur symbolique pour les Espagnols. On le retrouve régulièrement près des monuments. Il est petit et prend la forme d'un parapluie ouvert, alors que le chêne européen (*el roble*) ressemble davantage à notre chêne canadien et fait figure de géant. Un de ces chênes est connu de tous les pèlerins, l'arbre immense sur le bord du chemin avant le village de *Rabanal del Camino*, qui offre de l'ombre durant les chaudes journées d'été.

Nous arrivons un peu avant midi dans le village de *El Real de la Jara,* un ancien poste frontière entre l'Andalousie et l'Estrémadure, qui marque aussi la séparation entre la province de Séville et celle de Badajoz. Cette démarcation n'est pas récente. À l'époque, les Arabes avaient construit la forteresse qui domine le village. Et à moins d'un kilomètre plus loin, un château fortifié lui faisait face, en partie démoli, celui-là. Le nom de la municipalité vient de deux sources différentes : d'abord du chemin Royal (*El Camino Real*) qui traverse le village, puis de la *jara*, cette magnifique fleur blanche qui pousse à l'état sauvage sur le flanc des collines.

Au moment où nous frappons à la porte de la *Pension Salvadora*, les Français y sont déjà installés, en plus de quelques Espagnols. La dame, surprise par le nombre de pèlerins qui arrivent aujourd'hui, s'empresse de compléter les transformations que nécessite le passage de l'hiver à la saison chaude. En plein travail, elle nous demande d'attendre à l'extérieur, pendant qu'elle doit déménager des meubles et préparer la chambre. Quand je m'aperçois qu'elle s'agite seule pour faire ces transformations avec sa mère, une vieille dame courbée, je laisse tomber mon sac et je m'offre pour l'aider. Elle proteste d'abord, mais juge ensuite que c'est la meilleure solution, car elle n'y parvient pas seule. Je fais donc le déménagement essentiel avec elle. Son fils, avant le repas du midi, terminera le travail. Après notre installation dans la chambre et les tâches habituelles accomplies, nous allons prendre une bouchée à la *Mesón Conchero,* où nous retrouvons *Ramón* qui vient de se mettre à table. Nous prenons le repas avec lui avant qu'il ne reparte pour *Monesterio*, où un autobus doit le ramener à Madrid, dès ce soir. Un premier compagnon de route que nous aimions bien et que nous ne reverrons plus. En après-midi, une visite à la forteresse s'impose. Sa situation géographique au sommet de la colline nous offre une vue incomparable de la région. Du sommet de la forteresse, notre regard s'étend jusqu'à *Monesterio*, le village le plus élevé de la *Sierra del Norte,* là où nous irons coucher demain.

La province de Badajoz

Ce matin, nous quittons la *Pensión Salvadora* à 7 h 10, après une nuit très reposante. Nous remercions la dame, assise dans son salon en robe de chambre, qui salue de la main le départ de chaque pèlerin. Pour cette femme timide qui veille sur nous sans prononcer trois mots, ce simple geste signifie qu'elle apprécie notre visite chez elle et que nous sommes son gagne-pain. Pas facile de savoir qui vivait dans cette maison. Dans les villages de l'Andalousie, toutes les maisons sont collées les unes aux autres, formant ainsi un mur opaque sur plusieurs centaines de mètres. Où l'une commence? Où l'autre s'arrête? Un mystère difficile à résoudre. La vie se passe de l'autre côté du mur, dans la cour intérieure, où les diverses parties des bâtiments se joignent en un véritable labyrinthe. Une preuve : les Français logeaient dans la maison que nous habitions, mais nous ne les avons jamais aperçus. Il a fallu que nous arrivions ensemble au restaurant pour apprendre que nous vivions sous le même toit. Avec discrétion, et en fournissant à chacun ce qui lui convenait, la propriétaire a réussi à rendre notre séjour agréable. Si vous passez à *El Real de la Jara*, arrêtez-vous à cette pension, vous ne le regretterez pas.

Dès que nous sortons dans la rue, un froid vif nous saisit. Depuis quelques jours, le temps n'a pas cessé de se rafraîchir. Je regrette d'avoir laissé mes gants au fond de mon sac, je les enfilerais sûrement, s'ils étaient à ma portée. Faute de mieux, je glisse mes mains dans mes poches, en espérant que le soleil se lève rapidement. Pour les dix premiers kilomètres, nous suivons un sentier sinueux dans une forêt de chênes-lièges. Les arbres, plutôt clairsemés, laissent suffisamment d'herbe pour le pâturage de nombreux troupeaux de moutons. Des clôtures de barbelés, que nous devons constamment ouvrir ou fermer, séparent les propriétés. Dans les secteurs herbeux et marécageux, le fléchage nous paraît souvent déficient. Comme nous hésitons au sujet de l'orientation à suivre, après plusieurs détours, nous arrivons malheureusement à une impasse. Le propriétaire a clôturé ses champs, mais a oublié de mettre une barrière, du moins, nous le croyons. Pourtant, une balise, sur la colline, en face de nous, montre avec évidence que nous allons dans la bonne direction. Après une étude sommaire des lieux, nous arrivons à la conclusion qu'il n'existe qu'une seule façon de franchir l'obstacle : monter dans un arbre avec notre sac, le lancer par-dessus la clôture et trouver le moyen de redescendre, de l'autre côté des fils barbelés, sans se casser la gueule. Après de multiples efforts et au prix de quelques sueurs, l'opération réussit. Nous reprenons notre sac et partons à la recherche du chemin. Nous nous apercevons alors que nous avions franchi un champ en trop, que le sentier arrivait devant une belle barrière toute neuve qui s'ouvrait d'un simple geste de la main. Pas trop de regrets, puisque nous sommes passés sans encombre et que nous retrouvons le *camino*.

Au cours de l'avant-midi, nous franchissons six petites rivières sur des pierres de gué. Trois de ces traversées ne se font pas sans inquiétude. Je veux dire par là que dès que nous arrivons devant la rivière, nous vérifions la stabilité des roches. Dans chacun des cas, les pierres sont instables et une petite quantité recouvre certaines d'entre elles, les rendant particulièrement glissantes. « Un risque calculé », dirait un ami ingénieur. Enlever les bottes, mettre les sandales et relever les pantalons auraient permis de traverser en toute sécurité. Mais vous voyez le temps perdu. À chaque fois que l'on pose les pieds dans l'eau, il faut les faire sécher avant de remettre les bottes. Donc, la situation la plus simple et la plus rapide : étudier le parcours avant de partir, vérifier la solidité du bâton, avancer avec prudence et faire confiance à saint Jacques. Et nous ne sommes pas tombés encore…

Juste avant d'arriver au carrefour de la N-630 (route nationale qui relie Séville à *Astorga*), une belle chapelle, la *Ermita de San Isidro*, se dresse sur une colline au milieu d'un boisé. Un ermite l'a construite et habitée au XVe siècle et depuis, il est devenu l'un des saints les plus vénérés de la région. N'est-il pas étonnant que cet homme, humble et réservé, qui a vécu dans la solitude toute sa vie et dont l'occupation principale s'est limitée à la construction de ce petit temple, attire cinq cents ans plus tard des milliers de pèlerins qui viennent des quatre coins de la province et se réunissent ici le 15 mai pour célébrer la fête de leur patron. Ce sanctuaire qui n'a rien d'imposant accueille l'une des plus importantes *romerias* (un pèlerinage à pied) de l'Estrémadure. Malheureusement, la porte est verrouillée. Nous reprenons le *camino,* qui suit en parallèle une route à grande circulation et qui monte sans arrêt pendant dix kilomètres jusqu'à *Monesterio.*

Cette ville de quelques milliers d'habitants doit son nom au monastère de *Nuestra Señora de Tentudia.* Cet imposant édifice fut construit au XVe siècle, selon le style *mudéjar*, sur la montagne la plus élevée de la province de *Badajoz*, en mémoire de la victoire des chrétiens sur les musulmans. Au cours des années, la ville s'est tissée une grande renommée. En effet, les saucisses de porc de *Monesterio* sont connues à travers toute l'Espagne, et même dans la Communauté européenne.

Lorsque nous atteignons la ville, nous apercevons d'abord, sur la gauche, les usines de transformation du porc. Mais dès que l'ensemble des habitations se révèle, c'est le monastère, à droite, sur la colline, qui attire notre regard. Même si l'un de nos livres guides affirmait que l'on pouvait le visiter, à notre arrivée, un panneau nous informe que la chapelle est temporairement fermée aux visiteurs pour rénovations. Nous nous dirigeons alors vers le seul refuge de pèlerins, qui se trouve au-dessus des locaux de la Croix-Rouge. Il suffit de se rendre à la réception de l'hôtel *Moya* pour obtenir la clé. Or aujourd'hui, l'établissement est fermé pour cause de mortalité parmi le personnel de direction. Nous tentons d'obtenir la clé dans les résidences voisines. Après vingt minutes, les réponses négatives s'étant multipliées, nous nous rendons compte que nos efforts ne seront jamais récompensés. Près de là, un *Hostal* sans grande apparence, le *P.D.El Pilar*, peut nous offrir un toit pour trente euros. Nous y déposons nos sacs sans plus tarder et après un repas, nous allons visiter l'église. Les portes sont ouvertes puisqu'une cérémonie religieuse se prépare. L'édifice, étonnamment grand pour l'importance de la ville, est richement décoré. Le retable en or surprend par sa richesse et sa somptuosité. Les murs, couverts de tuiles vertes et jaunes, créent une ambiance comme on en voit rarement. Les nombreuses statues, habillées de robe de soie et de dentelles comme en Andalousie, donnent l'impression que ce temple est habité. Au moment où je sors de l'église, les cloches se mettent à sonner, des gens s'approchent de tous les côtés. Les hommes viennent à pied, en file indienne, tandis que les femmes, jeunes et vieilles, bras dessus bras dessous, avancent vers le saint lieu.

En quittant l'église, je jette un regard dans l'entrée du café Internet pour la troisième fois et je réalise qu'une place est disponible. Ces locaux, très fréquentés par les adolescents espagnols qui arrivent en bande et se regroupent autour de la console pour jouer à leurs jeux vidéo favoris, sont souvent remplis à pleine capacité et difficiles d'accès pour l'étranger. Dans ces conditions, pour lire ou écrire ses messages, le pauvre pèlerin bousculé doit se concentrer : les jeunes créent un va-et-vient incessant dans son dos ou s'envoient des messages d'une cabine à une autre en criant à pleins poumons. Malgré cette ambiance « communicative », chaque fois que je peux trouver un local qui dispose d'Internet, je suis heureux d'y entrer pour retrouver mes amis du Canada.

En ce matin du 25 mars, nous quittons notre *Hostal* à 7 h 15, et nous nous arrêtons peu après à un petit bar pour déjeuner. Ici, en Estrémadure, certains bars ouvrent très tôt et accueillent les hommes qui partent pour une longue journée dans les champs. La tradition veut que chacun prenne un café stimulant, c'est-à-dire un *cafe con leche*, dans lequel le barman ajoute un peu de rhum, de cognac ou une autre boisson forte. *Ramón* nous disait que cette coutume est très répandue en Estrémadure et est connue de tous les Espagnols. Quant à nous, nous préférons le *café con leche* sans stimulant. Nos bouteilles d'eau suffisent à étancher notre soif. Et en fin de journée, pour relaxer, un verre de vin ou de bière est toujours le bienvenu. En sortant du bar, nous jetons un coup d'œil vers le ciel : rien d'encourageant, les nuages s'amoncellent et l'humidité se fait sentir. Je mets mon *puncho* tout neuf, acheté à *El Real de la Jara*. Depuis quelques jours, il pleut au nord, sur le *Camino francés*, mais nous avons été épargnés jusqu'ici.

Dès notre sortie de la ville, nous traversons une première rivière sur un pont de béton tout neuf. Une véritable aubaine! En plus, le chemin prend une pente descendante entre des murs de pierre. La douleur de ma jambe diminue et je pense que la guérison s'annonce enfin. Nous marchons à vive allure. Après la traversée d'une route qui va vers *Calera de León*, nous retrouvons des pâturages de vaches laitières. Les bâtiments de ferme sont éloignés de notre sentier, ce qui favorise notre tranquillité. Puis, nous apercevons à notre droite une douzaine de dolmens, toujours debouts, qui se chargent de nous rappeler que de très vieilles civilisations ont jadis peuplé l'Espagne. Sur trois de ces piliers rocheux repose une large pierre plate de plusieurs tonnes qui n'est sûrement pas tombée du ciel. Des hommes vivent dans ces régions depuis plus cinquante mille ans; les grottes de *Atapuerca*, à proximité du *Camino francés*, en fournissent la preuve incontestable.

Nous descendons toujours le long d'une rivière qui coule tout près. Seules les barrières que nous devons constamment ouvrir et refermer viennent déranger nos rêveries. Roger marche allègrement devant moi. Les « secondes peaux » s'étant bien intégrées à ses talons, la douleur devient moins vive et il peut accélérer le pas. Au moment de traverser la rivière, nous constatons qu'une âme charitable a enligné plusieurs grosses pierres qui ne bronchent pas sous nos pieds. Quel bonheur! Progressivement, nous nous approchons de *Fuente de Cantos* à travers un grand domaine boisé tout à fait plat, *El Llano de Santiago* (la plaine de saint Jacques).

Ce grand village, construit par les Arabes et réaménagé après la conquête par les chrétiens, est le chef-lieu de la région. L'un de nos livres guides relatait qu'un refuge était en construction, sans ajouter d'autres détails. En quête de ce toit, pendant plus d'une demi-heure, nous arpentons le centre-ville et interrogeons une dizaine de personnes pour en savoir davantage sur ce potentiel *albergue*. Non seulement personne n'en connaît l'existence, mais aussi nous nous heurtons au mutisme des agents de renseignements : une porte close à l'office du tourisme et à l'*oficina de la Guardia Civil*, pas de policier. Nous décidons alors de prendre les grands moyens, nous montons au deuxième étage de la mairie avec armes et bagages et allons frapper à la porte du maire. Il nous reçoit avec courtoisie et nous indique le chemin pour aller chez les frères Franciscains. Sur place, une dame nous explique que le couvent, abandonné par les religieux, vient d'être transformé en *turismo*, et que si nous n'avons pas trouvé les indications, c'est que le réseau routier a subi des transformations importantes et que les nouvelles flèches jaunes seront repeintes bientôt.

Cet édifice, récemment aménagé, est un bel exemple de la nouvelle forme d'hébergement populaire qui se répand aujourd'hui en Espagne. Le bâtiment est divisé en plusieurs petits dortoirs (quatre lits par chambre) avec des salles de bain aux extrémités des corridors. À cela s'ajoutent une cafétéria, une buanderie, etc. Selon le responsable de l'établissement, ce genre d'*albergue* va se multiplier en Espagne et les pèlerins vont en retrouver le long du chemin au cours des prochaines années. Le coût est plus élevé que pour les refuges traditionnels du *Camino francés*, mais le service est sûrement meilleur. Personnellement, je trouve cette formule intéressante et j'espère que les projets en cours vont se réaliser. Nous avons visité deux autres *turismos*, construits pour les mêmes fins, mais sans les utiliser : le premier s'est trouvé sur notre chemin trop tôt dans la journée, alors que le second était situé en plein champ. Il était donc sans intérêt pour nous, car il n'y avait rien à visiter aux alentours.

Après le départ des frères Franciscains cinq ans plus tôt, la ville, ne trouvant pas preneur pour le bâtiment, a décidé de le transformer en lieu touristique. Pour le rendre plus attirant, les responsables ont aménagé, dans une aile du couvent, une exposition permanente du grand peintre espagnol *Francesco de Zurbaran,* né dans cette ville. En fin d'après-midi, le responsable du gîte nous invite à le suivre pour une visite guidée de cette *casa museo de Zurbaran*. Ce peintre du XVIIe est très connu en Espagne pour ses œuvres religieuses, ses portraits et ses natures mortes. Il a surtout travaillé pour les couvents de Séville, où il a fait ses études, mais aussi pour la Chartreuse de *Jerez* et pour le monastère de *Guadalupe*. En plus de quelques peintures, le musée possède plusieurs vidéos qui illustrent le style propre de

Zurbaran : le statisme monumental, la beauté des coloris et la simplicité rustique. La visite du musée nous a grandement plu : les illustrations étaient nombreuses et les explications du guide fort pertinentes.

Comme ce *turismo* qui s'appelle *el convento de los Frailes* (le couvent des frères) est situé en périphérie de *Fuente de Cantos* et possède tout ce dont nous avons besoin, nous nous contentons d'effectuer, au cours de l'après-midi, une visite de la ville. Nous revenons souper sur place, car le prix du séjour comprend, en plus du coucher, les repas et un *bocadillo* pour le chemin du lendemain. Nous partageons notre chambre de quatre lits avec le couple de Français et nous faisons la majorité de nos activités avec eux, ce qui nous permet de mieux les connaître. Pour le repas du soir, nous sommes huit pèlerins, regroupés autour de deux tables : un Autrichien, un Espagnol, deux Italiens, le couple de Français, Roger et moi. Comme nous voulons partir tôt, après le souper, une dame vient nous porter à notre chambre ce qui va nous servir de déjeuner pour le lendemain. Ainsi, dès 7 h 00 le lendemain, avant le lever du soleil, nous prenons une bouchée, ramassons notre sac et nous voilà sur le chemin. Le ciel est gris et le temps, frais.

La rue des Frères Franciscains débouche directement sur une *calzada romana*, que nous allons suivre pendant six kilomètres, à peu de distance de la N-630, jusqu'au village nommé *Calzada de los Barros*. Cette voie romaine, comme toutes les *calzadas*, a été construite très droite. Elle conserve sa même orientation rectiligne depuis ce temps. Nous nous arrêtons pour une courte visite à l'église forteresse *San Salvador,* où un magnifique retable, l'un des plus beaux de l'Estrémadure, évoque les jours glorieux de ce village, alors que l'Ordre de *Santiago* y demeurait en permanence. Seule une grande statue de saint Jacques pèlerin rappelle le lien qui unissait la municipalité au *camino*. Aujourd'hui, nous cherchons en vain un endroit pour boire un café. Aucun bar n'est ouvert. Il faut donc nous résigner à continuer en pleine campagne pour quinze autres kilomètres, sans notre petite collation habituelle. Le village s'éloigne de notre vue. Après la traversée sur un pont de la rivière *Atarja*, nous quittons la *calzada* pour un chemin de terre entre des vignes. Le temps froid persiste. Aucune feuille n'apparaît encore sur les tiges squelettiques, J'ai l'impression de marcher dans un immense cimetière où la vie s'en est allée. Des travailleurs, ici et là, font brûler les branches sèches des vignes qu'ils ont émondées au cours de l'hiver. La fumée noire qui s'élève des brasiers ajoute un air lugubre à ces lieux déjà suffisamment sinistres.

Nous entrons dans le village de *Puebla de Sancho Perez* vers midi pour prendre notre premier café, après vingt-quatre kilomètres de marche sans avoir reçu une goutte de pluie. Il pleuvait devant, il pleuvait derrière, mais les averses dispersées nous ont épargnés.

Le chemin ne s'annonce pas très agréable, pour les quatre derniers kilomètres qui nous séparent de *Zafra*, une ville assez importante. Nous suivons un sentier qui semble être une route de campagne. Dès que nous nous trouvons dans un endroit pas trop bruyant, je téléphone à la *Guardia Civil* pour savoir si le gîte municipal est ouvert. « Les travaux ne sont pas terminés », nous répond une voix féminine au bout du fil. De fait, avant de partir, nous avions eu l'information sur Internet : la rénovation du bâtiment se poursuit depuis trois ans. Nous allons donc devoir nous trouver un toit au hasard de notre randonnée. Nous avançons à travers la banlieue en construction, le long des routes inachevées. De même, deux lignes de voies ferrées partent dans plusieurs directions. Le fléchage a disparu avec l'arrivée des nouvelles rues et les chantiers de maisons neuves créent une confusion indescriptible. Notre intuition demeure sans repères dans ce dédale des récents aménagements. Nous nous apercevons trop tard que nous avons pris un faux chemin, qu'il est impossible de retrouver *las flechas amarillas*. Nous revenons sur nos pas, retraversons les voies ferrées et apercevons, sur un des seuls poteaux qui a survécu à l'hécatombe, une vieille flèche jaune. Nous suivons sa direction et dès que nous reprenons une rue plus ancienne, nous retrouvons la signalisation.

Le *camino* nous conduit jusqu'au centre-ville de cette ancienne cité arabe. Avant de l'atteindre, nous nous arrêtons à l'*Hostal Carmen*. Le patron nous offre le gîte et les repas. À peine avons-nous le temps de déposer nos sacs qu'une pluie diluvienne vient frapper à notre fenêtre de chambre et met un frein à nos projets de visite de la ville. Nous descendons au restaurant pour prendre une bouchée, car le *bocadillo* de ce matin était plutôt mince. Pour passer le temps, après le repas, je me glisse le long d'un mur jusqu'à un poste Internet que j'avais aperçu à l'arrivée. Une heure plus tard, je retrouve Roger, toujours cloué dans sa chambre. Il faut admettre que les vingt-huit kilomètres d'aujourd'hui ont ralenti notre ardeur et la pluie qui tombe nous invite au repos. Finalement, nous n'irons pas visiter l'*Alcazar de los Duques de Feria*, ni le couvent de la *Candelaria*, ni le palais de la Famille *Jerez* qui a largement contribué à l'essor de *Zafra*. Nous apprécions davantage ces moments de repos et vers 20 h 30, nous retournons à la salle à manger pour siroter une excellente bouteille de vin de la région, *la Viña Pueba*, et savourer *el bacalao a la campesina* (de la morue du golfe Saint-Laurent à la mode paysanne).

De retour à notre chambre, la météo nous annonce qu'il a neigé, aujourd'hui, sur les montagnes de *León* et sur la *Sierra de Gredos,* vers laquelle nous nous dirigeons. Rien pour nous aider à trouver le sommeil et à cultiver de beaux rêves.

À la sortie de l'*Hostal Carmen,* vers 7 h 00, la pluie a cessé, mais les rues sont encore humides. En traversant la *Plaza Grande*, nous arrêtons dans un bar déjà ouvert pour le déjeuner : deux rôties et un café au lait. Nous avons besoin d'énergie, car la montée s'annonce difficile pendant les cinq prochains kilomètres. Elle commence au centre-ville, se poursuit sur une longue rue jusqu'à la *Torre de San Francisco,* le point le plus élevé de la ville, et continue sans arrêt vers la *Sierra de los Santos*, petite chaîne de montagnes qui traverse la région. Arrivés à son sommet, nous passons au pied de plusieurs tours de retransmission. Puis, nous descendons régulièrement, en pente douce, vers *Los Santos de Maimona.*

Ce village, en plus de posséder une belle croix de *Santiago* à l'entrée, doit sa renommée et son importance à l'imposante commanderie de l'Ordre des chevaliers de saint Jacques qui y avait établi son siège social au XVe siècle. De ce passé glorieux, ne reste que la très belle église de *Nuestra Señora de los Angeles,* dont les portes sont verrouillées. Impossible de la visiter. En quittant l'agglomération, nous traversons la rivière *Robledillo* et le *camino* redevient un beau chemin droit, très probablement une *calzada* pour un bon dix kilomètres.

Sur ce sentier, nous sommes dépassés par deux Italiens qui marchent à vive allure, le pas cadencé, la stature très droite et le port altier des anciens consuls romains. Ils ne portent pas le casque avec les plumes rouges, comme nous les voyons dans les films, mais une vulgaire tuque noire rabattue sur les oreilles. Depuis qu'Astérix et Obélix les collectionnent, l'industrie du casque romain périclite. Ces deux Romains, malgré tout, retiennent notre regard et soulèvent notre admiration : nous percevons dans leur démarche la longue tradition d'un passé lointain et glorieux, alors que les soldats parcouraient le vaste empire et martelaient ces chemins au rythme des chansons de l'époque… Nos jeunes Italiens, très grands, deux mètres ou plus, dévoraient la route avec un tel entrain qu'ils devaient être, à coup sûr, les descendants d'illustres centurions qui, en marche forcée, pouvaient faire soixante kilomètres par jour. Quant à nous, pauvres pèlerins étrangers, vieux et rabougris, nous ressemblons plutôt à ces humbles porteurs du glaive. Il serait impensable pour nous, aujourd'hui, de tenter de parcourir une telle distance.

Le sentier continue à travers champs jusqu'à un chemin de traverse, *el camino de los Moros*. C'est sur celui-ci que nous apercevons notre deuxième *turismo*. Impensable de s'y arrêter. Nous sommes au milieu de l'avant-midi et ce centre d'hébergement est au milieu de nulle part, à peu de distance de la N-630. Nous poursuivons donc, traversons la route nationale jusqu'à un autre *Ermita de San Isidro*. Cette fois, la petite chapelle n'est pas isolée, un village s'est construit tout autour et il offre de l'hébergement pour les pèlerins. Malgré la beauté du lieu qui nous invite à laisser choir le sac, nous préférons continuer jusqu'à *Villafranca de los Barros*, cinq kilomètres plus loin.

Nous avançons sur des chemins de terre et comme il a plu avant notre passage, l'eau et la glaise forment un mélange boueux dans lequel nous pataugeons sans allégresse. À l'approche de la ville, nous retrouvons une route plus sèche et plus ferme. Nous en profitons pour marcher sur le bord de l'asphalte, dans l'herbe haute, pour nettoyer nos bottes.

Camille, une pèlerine du Québec qui a parcouru ce chemin l'an dernier, m'avait donné l'adresse d'une vieille Cubaine qui prenait des pensionnaires au no 39 de la rue *Carmen*. Nous nous y rendons sans difficulté, frappons à sa porte à plusieurs reprises. Celle-ci est bien verrouillée, aucun mouvement ne se manifeste à l'intérieur. Nous devons donc chercher un autre toit. Nos yeux gambadent à gauche, à droite, impossible de trouver un *hostal* dans cette petite ville. Je m'avance vers un policier qui fait les cent pas au coin d'une rue et je lui expose notre situation. Avec simplicité, il m'explique que la ville éprouve des problèmes d'hébergement, qu'il faudrait se diriger vers la N-630 pour en trouver. Cependant, il a entendu dire qu'une Dame Perrin, à la sortie de la ville, offre des chambres. Je n'ai qu'à suivre le fléchage et je passerai à deux pas de sa maison. Dès que nous frappons à la porte de la *Pensión Perrin,* sur la *Calle Calvario,* la dame nous accueille avec amabilité, nous montre les lieux qui nous conviennent parfaitement. Aujourd'hui, nous sommes les seuls pensionnaires et nous avons toute la maison à notre disposition. Nous en profitons pour faire la grande lessive et étendre notre linge sur la terrasse, car un soleil timide se faufile entre les nuages.

Après la douche, alors que l'horloge de la mairie indique 13 h 00, nous descendons au bas de la ville, à *La Casa de José,* pour célébrer notre première semaine de marche. Nous avons franchi aujourd'hui notre huitième étape depuis notre départ de Séville. Pendant que nous dégustons notre *vino de la tierra*, un excellent *Viño Conchal*, nous faisons le bilan du chemin parcouru : aucun problème particulier, la guérison de ma jambe progresse, les ampoules de Roger disparaissent lentement, nous sommes très contents et nous espérons que le chemin va se poursuivre ainsi. En après-midi, nous partons à la recherche d'un marché d'alimentation, car nos réserves sont complètement épuisées. Malheureusement, en ce samedi, tout est fermé, sauf une église près de notre pension, *la ermita de la Coronada,* où le prêtre nous accueille en nous tendant la main, nous fait visiter les lieux, appose le *sello* de sa paroisse sur notre *credencial* et nous offre même une épinglette avec l'image de la Vierge Couronnée, la statue qui fait la renommée de son église.

À la sortie, nous demandons à une dame assise sur un banc si elle ne connaîtrait pas une épicerie ouverte en ce moment. Selon elle, seul le *supermercado*, à la périphérie de la ville, ouvre ses portes le samedi, et son accès n'est guère facile, puisqu'il est aménagé au milieu d'un centre domiciliaire en construction. Devant notre hésitation à prendre la bonne direction, elle offre de venir nous y conduire. En marchant, elle nous raconte qu'elle est Ukrainienne, mère de deux adolescents, qu'elle a quitté son pays en 1992, qu'elle est arrivée à Madrid après bien des difficultés et qu'elle est heureuse de s'être établie dans cette ville paisible. Excellente couturière, elle ne manque pas de travail, mais elle se trouve souvent seule, sans amis, loin de son pays. Elle nous amène jusqu'à la porte du supermarché. Nous lui aurions volontiers donné une bise, mais comme nous ne connaissons pas les coutumes de l'Ukraine, la retenue semble la solution la meilleure.

Après le supermarché, nous retournons à la *Casa de José*. Le repas du soir est à l'égal de celui du midi : excellent. Les problèmes commencent à la sortie du restaurant. Il pleut abondamment et les rues se transforment en véritables ruisseaux. Nous arrivons complètement trempés à la pension. Impossible de trouver du chauffage. Nous étendons notre linge à l'intérieur, sachant que rien ne va sécher avant le départ. Est-ce les pieds froids sur le carrelage ou l'humidité? Mon mal de jambe revient de plus belle et malgré tous les comprimés et les pommades contre la douleur, je trouve difficilement le sommeil. Roger connaît les mêmes problèmes. Nous nous levons péniblement et nous déjeunons dans la pension. Encore une fois, nous repartons comme des canards boiteux, moi avec ma jambe qui traîne, lui avec sa hanche qui ne veut pas suivre.

Nous sortons de la *Casa Perrin* vers 6 h 45. Le temps est couvert et n'annonce rien de très enthousiasmant. Nous avions entendu à la télé du bar de *José* que la météo prévoyait de la pluie sur toute la Péninsule pour la journée du dimanche. Dès la sortie de notre logement, nous retrouvons les flèches jaunes sur la rue *Calvario*, qui débouche sur un chemin de campagne. Pour le premier kilomètre, nous marchons sur un tronçon de *calzada* sec et bien droit. Soudain, le *camino* tourne vers un chemin de terre, étroit, boueux, et là, tout se gâte. La glaise colle à nos bottes et à tous les cinq pas, nous devons nous arrêter pour les gratter afin d'en faire tomber la terre. Chaque mètre est un combat pour dégager nos pieds et transporter le moins de boue possible. Cette lutte va durer sept kilomètres, sans que l'on puisse trouver un moyen d'évacuer les lieux. Quand je retrouve la *calzada,* au huitième kilomètre, je suis déjà épuisé, ma jambe me fait très mal, et il me reste encore vingt kilomètres sur ce chemin sans aucune ressource. Assis sur une pierre, je tire du sac mon tube d'onguent. Je vois Roger qui arrive péniblement, le visage crispé par la douleur. Il vient partager mon siège et sort lui aussi sa pommade, en silence. La situation est suffisamment dure, aucun de nous ne veut la commenter.

Pour la première fois sur ce chemin, je pense à *Felice*, la jeune handicapée espagnole qui m'a donné la force de repartir en 2001, sur le chemin de Puy-en-Velay. Encore ce matin, j'ai besoin de tout son courage pour me lever, pour reprendre mon sac. Le *camino* s'allonge devant nous, tout droit, comme un ruban sans fin, pour vingt autres kilomètres. Au moment de me lever, je crois voir effectivement sa silhouette qui s'avance devant moi, la jambe raide, son gros sac sur les épaules, la bouteille d'eau à ses côtés. Pendant une heure, je m'élance à sa poursuite, sans arrêt, oubliant la fatigue et la douleur. À la pause de 10 h 00, Roger est loin derrière, j'ai dévoré des kilomètres et des kilomètres avec force et rage. Impossible de connaître la distance parcourue, aucune balise pour nous servir de repère. J'attends Roger, car la pluie approche, et je ne veux pas que nous nous perdions de vue. Vers 13 h 00, les premières gouttes commencent à tomber. Nous avons déjà franchi vingt-deux kilomètres, il n'en reste que six. En quelques secondes, les vents forts et le déluge nous rejoignent. Comme un malheur n'arrive jamais seul, le sentier quitte la *calzada* et se dirige vers des champs fraîchement labourés. Et le fermier, dans sa générosité, a non seulement labouré ses champs, mais le sentier aussi. Pendant trois kilomètres, les luttes du matin reprennent de plus belle pour les mêmes raisons, mais cette fois, nous sommes complètement épuisés. Nous devons nous arrêter constamment pour reprendre notre souffle et nettoyer les semelles de nos bottes.

Dans la grisaille la plus complète, nous croisons une voie ferrée au bas d'une pente. Normalement, le *camino* s'engouffre dans un tunnel sous la voie ferrée. Mais la vallée s'est remplie d'eau et forme maintenant un lac qui rend le tunnel infranchissable. Absolument impossible de s'y aventurer. Une seule solution s'offre à nous : traverser la rivière sur le pont de la voie ferrée. Le vent souffle très fort et la pluie est toujours aussi abondante quand nous nous engageons sur le pont ferroviaire. Du plus loin que nos yeux peuvent voir, rien ne bouge. Nous franchissons le pont le plus rapidement possible, car le train peut arriver à grande vitesse. De l'autre côté, nous essayons de descendre la pente très abrupte en diagonale, mais Roger perd pied et fait plusieurs tonneaux jusqu'en bas. Quand je le rejoins, après avoir utilisé mon bâton comme appui pour ralentir ma descente, je vois qu'il est plié en deux, qu'il a probablement aggravé sa blessure à la hanche. Après un long moment d'arrêt pour nous remettre de nos émotions, nous empruntons un sentier vers une agglomération qui se dessine devant nous.

Torremegia, le village où nous devons nous arrêter, laisse deviner ses premières habitations. Rien ne sert de se presser. Nous ne pouvons pas être plus mouillés que maintenant, car le vent a constamment soulevé nos *punchos* et la pluie nous a arrosés de tous les côtés. Nous entrons dans ce village tout en longueur et les flèches jaunes doivent immanquablement nous conduire jusqu'à l'*albergue*. Nous suivons *las flechas amarillas* qui traversent le village, tournent à gauche, prennent la deuxième rue, car ce village n'a que deux rues, et nous ramènent à l'entrée du village, sur la gauche. Le gîte est bien là, mais les portes sont closes. Où trouver les clés? Nous revenons au centre du village, au premier bar rencontré. Les gens qui s'y trouvent nous apprennent que le gîte est tout neuf, qu'il sera inauguré demain, mais que pour l'instant, il n'y a pas d'hébergement dans le village, qu'il faut se rendre à *Merida,* seize kilomètres plus loin. La catastrophe!

Avant de quitter la municipalité, nous voulons voir un agent de la *Guardia Civil*. Quand rien ne va plus, ce sont eux qui doivent nous aider, selon ce que dit notre guide. Au bureau de la police, les portes sont closes et il est impossible de savoir si quelqu'un va venir. Un jeune homme qui tient sa fiancée sous le bras se présente à nous. Il appelle la police avec son téléphone cellulaire. Un policier sera de retour bientôt, nous dit-il. Il arrive vingt minutes plus tard, nous ouvre les portes et nous fait monter au deuxième étage où un local qui sert de rangement pourrait nous dépanner. Nous le remercions gentiment et il nous remet une clé en promettant de revenir bientôt pour nous donner accès à une douche. Le local est très encombré, mais nous réussissons à trouver une place pour étendre nos tapis de sol et ouvrir nos sacs. Il réapparaît quatre heures plus tard avec son patron pour nous faire signer des papiers, mais oubliera de nous parler de la douche. Comme nous en avons pris toute une avant d'arriver, nous faisons un brin de toilette en utilisant le petit évier qui se trouve là, heureux d'avoir enfin trouvé un toit. Nous avons alors tout notre temps pour soigner nos blessures et nous reposer.

Un bar en face de la *Oficina de la Guardia Civil* va nous permettre de prendre un bon repas, de refaire nos forces et surtout, de nous réchauffer. À 21 h 00, nous sommes les deux seuls clients de la salle à manger quand le patron vient nous ouvrir la *botella del vino de la tierra*. Il choisit lui-même le menu, concocté avec les restes du repas du midi, qu'il nous présente avec bonhomie, le sourire aux lèvres.

Mérida

Dans notre débarras, malgré les bureaux entassés les uns sur les autres et les planches à dessin bien rangées, j'ai passé une nuit reposante sur mon tapis de sol. J'étais tellement fatigué hier soir, j'aurais dormi n'importe où, n'importe comment. Roger n'a pas eu la même chance. Il se lève avec un fort rhume, une extinction de voix et la douleur à sa hanche l'a empêché de dormir. Je ramasse mes vêtements humides, pour ne pas dire encore détrempés, que je mets dans des sacs de plastique pour ne pas mouiller le reste, espérant qu'il y ait du soleil cet après-midi pour les sécher. Nous descendons l'escalier, glissons la clé par une petite fenêtre, comme le policier nous l'a demandé, et traversons la rue pour aller déjeuner. La pluie vient à peine de cesser, car de grandes flaques d'eau sont encore présentes autour de nous.

À la sortie du village, le sentier qui suit parallèlement la route est tellement rempli d'eau que nous décidons de marcher sur l'accotement, même si la circulation est dense sur la N-630. Pendant huit kilomètres, nous allons avancer, sans plaisir et avec l'œil vigilant, sur cette Nationale où les voitures et les camions se suivent et se dépassent à un train d'enfer en ne respectant pas toujours l'espace qui nous est alloué. Quels bons souvenirs pouvons-nous garder de cette partie du chemin? Aucun. Le seul fait de marcher et de surveiller la circulation draine toutes nos énergies.

Au neuvième kilomètre, le *camino* quitte la route et se dirige tout droit vers *Mérida,* à travers les champs. Nous nous aventurons pour quelques centaines de pas sur ce sentier boueux, puis nous rebroussons chemin. La même situation qu'hier commence à se dessiner. La boue colle à nos bottes, qui deviennent grosses comme des citrouilles, et nous ne pouvons plus marcher. Cette opération nous a suffisamment épuisés la veille, nous revenons sur nos pas et repartons sur le bord de la route pour un autre huit kilomètres. Une journée ennuyante? Effectivement! Mais un beau tableau accepte parfois des lignes noires pour mieux mettre en évidence les autres coloris.

L'arrivée par la route nous oblige à traverser la partie industrielle de la ville qui, sur le bord d'une voie nationale, s'étire sur quelques kilomètres. En descendant vers l'imposant pont romain sur le *rio Guadiana*, nous apercevons, à travers la pluie fine qui commence à tomber, le vieux quartier romain de *Mérida* et les trois monuments les plus élevés : le théâtre, le temple de Diane et l'arc de triomphe de Trajan. Ils se détachent nettement. Malgré la grisaille et la pluie, je cède à la tentation de prendre quelques photos, tellement le panorama suscite mon admiration.

À l'époque romaine, *Mérida* était le centre administratif de la *Lusitania*, cette province romaine qui couvrait le sud de l'Espagne et du Portugal. Fondée en l'an 25 av. J.-C. par *Publius Carisius*, à la demande de l'empereur Octave qui voulait démobiliser sa cinquième légion et donner à ses valeureux vétérans un territoire à développer, la ville n'a cessé de croître et de prendre de l'expansion. Elle est devenue ainsi la cité romaine la plus importante du sud-ouest de l'Espagne. Aujourd'hui, des ruines romaines se retrouvent un peu partout dans la ville, mais c'est le gigantesque aqueduc, que les Espagnols appellent *l'acueducto de los Milagros,* qui, avec ses quarante mètres de hauteur et des centaines de longueur, retient notre attention. Cet imposant ouvrage qui apportait l'eau par gravitation du barrage de *Proserpina* à *Mérida* devait traverser une vallée de sept kilomètres de largeur.

Pour le pèlerin, l'entrée dans la ville se fait par le magnifique pont romain qui enjambe le fleuve *Guadiana*. Malgré sa grandeur (soixante arches étalées sur sept cent quatre-vingt-douze mètres de longueur), cette importante construction laisse une impression de légèreté et d'élégance. Puis, nous arrivons à l'*alcazaba*, forteresse aux larges murailles qui protégeait autrefois le centre-ville. À cet endroit se trouvent les principaux monuments romains : le théâtre qui pouvait accueillir six mille spectateurs, l'amphithéâtre avec ses treize mille places et un cirque de plus de trente mille sièges. Le petit temple de Diane, bien restauré, brille comme une perle au milieu de ces ruines. Malheureusement, la pluie jette une ombre sur nos regards remplis d'étonnement. Nous décidons de poursuivre jusqu'au gîte, quitte à revenir au cours de l'après-midi, si la température le permet. En passant devant *l'Oficina de Turismo,* nous abordons la jeune préposée qui nous informe que le musée renferme lui aussi des trésors inestimables de cette époque. Malheureusement, en ce lundi, il est fermé.

Pour atteindre l'*albergue juvénil,* de l'autre côté de la ville, nous devons traverser un pont sur le *Rio Albarrega* et chercher notre gîte dans le secteur nord. Or, après avoir passé sous l'arc de triomphe de Trajan, nous ne voyons plus aucune forme d'indication. Dans les grandes villes, cette situation est courante : les travaux urbains détruisent parfois le fléchage et le pauvre pèlerin se voit dans l'obligation d'utiliser le pifomètre pour retrouver son chemin. Suivant les indications de notre livre, nous passons un tunnel sous la voie ferrée, faisons un large détour sur la gauche pour trouver le pont qui enjambe la rivière, et revenons vers l'*acueducto*. C'est alors que nous apercevons la longue passerelle, nouvellement construite, qui nous aurait permis de filer tout droit vers notre *albergue*. Nous partons alors vers le nord, sur une rue nouvelle et asphaltée qui n'est mentionnée nulle part dans nos guides. Nous pouvons supposer que le fléchage a disparu là aussi, englouti sous le bitume. Après avoir tourné à gauche, à droite, en haut, en bas, nous commençons à perdre patience. Une enseigne lumineuse nous laisse croire qu'un *Hostal* offre des lits au sommet de la colline. Nous nous y rendons en nous traînant les pieds de fatigue, et là, nous apprenons que l'*albergue juvénil* est juste à côté, mais qu'il est fermé pour rénovations. La pluie nous arrose depuis une bonne heure, nous entrons dans l'*Hostal Sereno* avec l'intention d'y passer la nuit.

Le gérant qui nous accueille a oublié de se raser depuis l'année dernière et la réception ressemble plutôt à un chantier de construction, mais dès que nous ouvrons la porte de la chambre, la sérénité revient sur nos visages.

Deux pièces convenables et un bon lit, nous ne demandons pas davantage. Malheureusement, aucun restaurant en vue. Il faut donc redescendre vers l'*acueducto* pour trouver une table acceptable. Nous prenons notre premier repas au milieu des travailleurs des chantiers de construction. Avec la télévision ouverte à son maximum et la salle complètement remplie, nous pouvons difficilement nous comprendre. Dans ces circonstances, nous n'éprouvons pas le besoin de parler après ces kilomètres sur le bord de la route, la visite du site historique et la traversée en zig zag de *Mérida*. Le seul fait de boire lentement notre *vino de la tierra* et de manger une *chuleta* (côtelette) de cochon noir nous suffit amplement. Après le dîner, malgré la pluie, nous revenons en ville pour revoir quelques monuments, passons à la mairie pour recevoir notre *sello,* et reprenons la direction de notre *Hostal*. Je m'arrête pour une petite heure dans un café Internet, alors que Roger retourne à notre chambre. Pour une fois, l'endroit est presque désert. Deux jeunes filles, probablement des secrétaires, écrivent avec concentration. Pour une première fois, je peux donc envoyer un mot en toute tranquillité.

Pour terminer la journée, nous regardons tomber la pluie en jetant distraitement un coup d'œil à la télévision. À 21 h 00, nous descendons à notre unique restaurant, au bas de la côte, pour prendre une bouchée et nous remontons rapidement, heureux de tomber dans notre lit.

Au cours de la nuit, je me lève deux fois pour frotter ma jambe gauche avec une crème analgésique. La douleur se fait plus persistante que jamais. Impossible de dormir. Je crois que le fait d'avoir marché autant sous la pluie ne lui convient pas. D'autre part, les comprimés contre la douleur ne produisent aucun effet et l'onguent non plus. J'ai la ferme intention de m'arrêter à la première pharmacie venue, espérant que les produits européens donneront de meilleurs résultats.

Au lever, Roger ne semble pas avoir meilleure mine, sa hanche l'a fait souffrir toute la nuit. La veille, il a acheté des petits pains et un pot de chocolat pour notre déjeuner. Nous mangeons nos tartines en vitesse et nous quittons *l'Hostal Sereno* vers 7 h 00. Le *camino* traverse le carrefour au pied de la colline. Nous l'atteignons en quelques minutes. Quelle n'est pas notre surprise de voir arriver les pèlerins français! Ils nous racontent qu'ils ont pris le bus de *Almandralejo* pour venir hier à *Mérida*, qu'ils craignaient trop la pluie. Aujourd'hui, malgré le temps gris et venteux, ils désirent se rendre à *Aljucén,* comme nous. Nous avons tous mis nos *punchos,* car une faible bruine se mêle à la brume matinale. Comme il a plu durant les cinq dernières journées, le temps demeure très humide. Malgré la douleur qui nous tenaille, nous augmentons notre rythme de marche et nous ne verrons plus d'autres pèlerins sur le sentier.

Une petite route de campagne nous amène au barrage de *Proserpina*, construit par les Romains, qui sert aujourd'hui de réservoir d'eau potable. Un sentier suit ensuite ce lac artificiel, particulièrement bien aménagé. Près de l'embouchure de la rivière qui alimente le lac, le *camino* tourne vers la gauche pour entrer dans le parc naturel de *Conalbo* où, pendant huit kilomètres, seuls les chênes-lièges vont nous tenir compagnie. À la sortie, nous nous retrouvons en face d'un village d'une quinzaine de maisons autour d'une toute petite église appelée *Iglesia de la Consolación*. Nous mangeons notre *bocadillo* sur les marches, jetant parfois un coup d'œil à la vieille dame qui essuie avec beaucoup de révérence chacune des statues. Deux kilomètres nous séparent d'*Aljucén*. La majeure partie de cette distance est accaparée par de grands travaux routiers qui sont consacrés à la construction de *l'Autovia* 66, l'autoroute à grande vitesse qui va relier *Sevilla* à *Astorga*, en évitant les villes et les villages.

En entrant dans le *Aljucén*, nous nous dirigeons vers *La Boveda*, une *casa rural* tenue par deux jeunes femmes très sympathiques, Anna et Lena. Elles nous expliquent que nous avons le choix entre rester ici, à la *casa rural*, ou aller à l'*albergue juvenil* sur la colline qui domine le village. Nous préférons l'*albergue*, même si le local nous apparaît dès l'abord en moins bonne condition. Nous avons déjà vu pire. Tout de suite après avoir déposé mon sac, je me dirige vers la pharmacie que j'avais aperçue à l'entrée du village. Une jeune pharmacienne m'accueille et je ne mets pas de temps à lui expliquer ma situation. Elle s'empresse de fouiller dans ses armoires et revient avec un tube et des pastilles. J'ai le choix : les deux produisent les mêmes effets, me dit-elle. J'en ai assez de cette douleur. Sans aucune hésitation, je prends les deux. En professionnelle avisée, elle me fait ses recommandations : les pastilles peuvent causer des problèmes d'estomac. Une mise en garde à laquelle je vais prêter une attention mitigée. Quel mal d'estomac pourrait être aussi douloureux que mon mal de jambe?

Ce village, pauvre en apparence, nous offre sur la *Plaza Mayor* une belle plaque en *enzulejos* consacrée aux pèlerins de *Santiago*. Ce panneau de un mètre de hauteur, fixé sur une pierre de granit, invite le pèlerin à poursuivre son chemin dans le silence et la réflexion, à profiter de ce moment privilégié pour mettre de l'ordre dans sa vie, sachant qu'il a le soutien de la population du village. De tels panneaux, nous en verrons de toutes les formes, avec des textes aux contenus et aux présentations très variés, dans la majorité des agglomérations que nous allons traverser. Et chaque fois, le message s'adresse directement au pèlerin et l'invite à poursuivre sa pérégrination sur la *Via de la Plata* dans la joie et l'espérance.

De retour à l'*albergue,* je raconte à Roger ma visite à la pharmacie et je lui rapporte fidèlement les propos de la jeune dame. À son sourire en coin, je comprends qu'il cultive quelque doute. Sans plus, je me dirige vers la salle de bain pour prendre ma douche. Tout laisse supposer que j'ai l'esprit ailleurs, que je pense encore à la pharmacienne ou à son propos. En voulant déposer mon savon sur une tablette, je perds pied et je fais une pirouette absolument parfaite. Je m'écrase sur le dos, à un mètre du bain, sur les tuiles, ma tête heurtant le mur avec force. Un *salto* complet. Un dix sur dix! Une chute à plat complètement. J'ai sans doute perdu conscience quelques secondes, car au moment où je reprends mes esprits, j'entends Roger qui frappe violemment dans la porte, appelant au secours. Or, il n'y a que nous dans le bâtiment. Je me relève lentement, je bouge chacun de mes membres, tous fonctionnent à merveille. Je dis à Roger qu'il s'agit d'un petit incident, que j'ai fait un exercice imprévu et que je prends ma douche comme j'en avais l'intention. À ma sortie, Roger veut tout savoir de mon aventure. Il a entendu le bruit sourd de la chute, de ma tête contre le mur, et il a craint le pire. En fait, je n'ai qu'une petite prune sur le côté de la tête. Aucun doute possible, saint Jacques a fait le reste et il veut absolument que je me rende à Compostelle.

En après-midi, quand nous rencontrons les pèlerins français qui arrivent, je leur mentionne l'événement. La dame me raconte que trois ans auparavant, dans un hôtel de *León,* elle a aussi fait une chute dans son bain et que cet accident a mis fin à son chemin de *Santiago*, car elle s'était blessée à une épaule, une hanche et un poignet et était retournée chez elle à Béziers en ambulance. Durant deux ans, elle avait visité médecins et hôpitaux à plusieurs reprises, sans grand succès. Les fractures avaient guéri, mais ses mouvements demeuraient limités et elle ressentait constamment de la douleur. Il avait fallu qu'elle rencontre, l'an dernier, un excellent chirurgien qui lui avait redonné l'usage de tous ses membres. Depuis ce jour, elle reste fragile, c'est pourquoi ils prennent l'autobus quand le chemin devient trop exigeant.

Pendant notre visite du village, une Allemande arrive au gîte et s'installe. Nous la saluons à notre retour et nous l'invitons à venir souper avec nous et le couple de Français à *La Boveda.* Elle se dit trop fatiguée pour accepter. Elle s'est procuré des vivres à la petite épicerie, elle va prendre sa douche, manger et se coucher pour la nuit. Peu après, pendant que nous complétons nos notes personnelles, nous entendons notre voisine en train de laver la salle de bain. Pendant les quatre jours qu'elle va vivre près de nous, à chaque nouveau gîte, cette dame va se faire une spécialité : laver complètement *los servicios*. Et même, chez les Frères Esclaves de Marie, elle répétera l'expérience à trois reprises. Il faut dire, cependant, à sa décharge, que ces toilettes étaient vraiment très sales. Comme nous ignorons son nom, nous avons pris l'habitude entre nous, sans aucune forme de malice, de l'appeler « notre laveuse de toilettes ».

Malheureusement, elle nous a quittés à *Cáceres,* alors que nombre de toilettes auraient encore apprécié sa visite.

En soirée, nous allons souper à *La Boveda* chez Lena et Anna, où le couple de Français a décidé de coucher. Ces deux jeunes dames sont une ressource essentielle pour les pèlerins qui passent à *Aljucén*. De plus, leur gentillesse et leur sympathie envers nous en font des hôtesses idéales. Avec des moyens limités, car le village a peu à offrir à ceux qui s'y arrêtent, ces personnes essaient de répondre à nos besoins et généralement, réussissent à rendre notre séjour très agréable.

Nous nous étions arrêtés à *Aljucén* parce que nous désirions couper en deux la longue étape de trente-neuf kilomètres entre *Mérida* et *Alcuéscar*. Aujourd'hui, nous franchirons donc la deuxième partie de l'étape.

Depuis la fin de semaine dernière, la température demeure inchangée. Après déjeuner, nous partons sous un temps brumeux et froid et nous devons suivre la route pour traverser la rivière *Aljucén,* dont le débit est abondant ce matin, principalement à cause de l'orage de cette nuit. Après le pont, le sentier s'engage à travers champs sur des chemins agricoles où le passage de tracteurs a gravement endommagé la chaussée. Nous quittons alors la province de *Badajoz* pour entrer dans celle de *Cáceres*, sans voir de réels changements. De chaque côté du sentier, des vaches paissent au milieu de petits boisés de chênes-lièges. Un paysage familier depuis quelques jours. Malgré que le sentier soit légèrement boueux et glissant, je marche avec allégresse, les pastilles de la pharmacienne ayant produit un effet immédiat. Le chemin monte en pente douce et serpente dans les collines. Plus nous prenons de l'altitude, plus la route s'assèche et devient agréable. En montant une colline, alors que je suis perdu dans mes rêves, j'entends Roger derrière moi qui m'interpelle vivement : « Claude, fais attention! » Je lève les yeux : trois grands taureaux aux cornes bien pointues me barrent la route. Pendant que Roger court se cacher derrière une grosse roche, je reste là, planté au milieu du chemin, à cinq ou six mètres des animaux. Nous nous regardons dans les yeux. Puis, les bêtes reprennent leur chemin. Quand Roger me demande pourquoi je n'ai pas bougé, je lui réponds que je ne voulais pas les énerver, qu'il valait mieux rester calme pour qu'elles constatent que je n'étais pas dangereux. Un incident bénin. Mais maintenant, quand j'y pense…

À quatre kilomètres de *Alcuéscar*, nous arrivons à une croisée de chemins. Cet endroit devait être important au Moyen Âge, car une grande croix de pierre y a été érigée au milieu d'un petit boisé d'eucalyptus. Ce souvenir historique demeure là, isolé, ignoré de tous, perdu au milieu des champs, puisque l'on peut y accéder uniquement par notre sentier herbeux et rocailleux.

Nous entrons dans la ville par une petite route asphaltée qui longe la colline sur laquelle la ville fut jadis construite. L'immense collège des Frères Esclaves de Marie, situé juste à l'entrée, est un vieil édifice que les religieux rénovent eux-mêmes. Comme il fait froid et que la plus grande partie du collège n'est pas chauffée, le frère qui nous ouvre la porte est habillé d'un parka aussi épais que celui que je porte quand je marche l'hiver par un moins vingt degrés. Un accueil chaleureux, mais qui est vite refroidi par le vent glacial qui s'engouffre par les fenêtres grandes ouvertes ou simplement absentes. Dès les premiers pas dans le collège, nous croisons les « frères maçons » à l'œuvre, truelle à la main, ou poussant des brouettes de sable et de ciment. Ils reconstruisent leur collège. Le frère qui nous a accueillis nous conduit au troisième étage de l'aile C en nous expliquant que cette partie n'a pas été rénovée encore, qu'elle est laissée à l'abandon, que les deux autres ailes sont occupées par les religieux et les personnes qui préparent les fêtes de Pâques. Quant à nous, nous pouvons nous débrouiller au meilleur de notre connaissance.

Nous nous choisissons une chambre parmi celles qui ont une fenêtre qui ferme et un évier où l'eau coule. Toutes possèdent un lit et un matelas, mais les avoirs s'arrêtent là. Le sommier du lit fait figure de hamac et certains matelas ont servi de reposoir aux pigeons pendant de nombreuses semaines, de telle sorte que pas un seul être humain ne voudrait s'y coucher. La salle de bain, dont la fenêtre était restée ouverte, a reçu tellement de visites d'animaux à plumes que la fiente couvre le plancher et les murs, n'épargnant ni l'évier ni la toilette. Avant d'y faire quoi que ce soit, je déniche une vieille vadrouille dans un placard avec laquelle je lave et l'évier et la toilette, en plus de tracer un chemin pour nous rendre à l'un et à l'autre. Dans ces conditions, personne ne songe à prendre une douche. Chacun se contente de laver le strict minimum dans sa chambre. Après un brin de lessive, nous quittons le collège pour nous réfugier en face dans un bar tout à fait acceptable et propre où nous reprenons nos esprits devant une bonne bouteille *del vino de la tierra*.

À notre retour, remis de nos émotions, nous apercevons l'Allemande en pleine action. Cette fois, les murs et les planchers brillent comme un sou neuf. La pèlerine française nous apprend que la vaillante dame vient de recommencer pour une troisième fois. Nous nous approchons pour la féliciter et la remercier d'améliorer grandement notre situation. Tous ensemble, nous essayons en vain de fermer la porte qui ne peut cacher que 70 % des regards indiscrets. Efforts inutiles, c'est la porte elle-même qu'il faudrait changer.

En fin d'après-midi, comme à l'accoutumée, nous partons faire le tour de la ville, espérant trouver un café Internet. Nous découvrons une agglomération pauvre et sans attrait dont plusieurs bâtiments semblent abandonnés, laissant voir des arrière-cours peu aménagées, s'apparentant à des débarras. Un texte dans le collège affirme que les frères ont choisi cette ville à cause de la pauvreté qui y règne. Les rues que nous avons visitées le confirment. Aucune indication ne laisse croire que nous pourrons trouver un café Internet dans les environs. Nous décidons de rentrer à grands pas, car une masse nuageuse, dans le ciel, nous menace dangereusement.

Avant de descendre à la cafétéria pour le souper, vers 21 h 00, nous nous réunissons autour d'une table dans un espace libre qui pourrait s'appeler un salon. Nous sommes sept ou huit pèlerins, frigorifiés, grelottants, enroulés dans des couvertures de laine que nous avons découvertes dans une armoire, et nous écoutons un Espagnol, un familier du chemin de la *Via de la Plata,* qui nous parle des futurs gîtes et des améliorations qui se font actuellement sur tout le parcours.

Un frère âgé vient nous avertir que la soupe est servie. Nous descendons tout de suite, espérant qu'elle soit chaude. De fait, elle est fumante. Quelques jeunes frères nous ont préparé un repas frugal avec les fruits de leur jardin. La table est remplie de produits qui ont poussé sur leur ferme, une vaste propriété à la périphérie de la ville. Même le vin rosé, qui n'a pas mauvais goût, a été fait à partir de produits issus de leur potager. Les douze pèlerins réunis autour de la table lui font honneur, les bouteilles se vident à vue d'œil. Comme nous sommes en plein carême, à quelques jours de la semaine sainte, nous n'avons pas droit au « veau gras », mais à une assiette de légumes bien apprêtés. Si le logement avait été chauffé, notre séjour chez *Los Hermanos Esclavos de Maria* nous aurait laissé des souvenirs agréables.

À la fin du repas, pour nous aider à traverser la nuit froide et pluvieuse, un frère nous remet une image de leur sainte patronne. Sans vouloir faire aucune moquerie, la Vierge Marie est présentée sous les traits d'une vieille dame potelée, figée sur son trône d'or, soutenant péniblement l'énorme couronne d'or qui couvre sa tête. L'enfant Jésus, assis sur ses genoux, habillé lui aussi d'un épais manteau d'or, ressemble à un homme de quarante ans, sans la barbe, naturellement. Son air triste laisse deviner qu'il s'ennuie franchement sur les genoux de sa grand-mère. Avant de quitter la chambre, le lendemain matin, je laisse l'image de Marie dans une des fentes du mur, image qui n'a nullement perturbé mon sommeil. Je ne tiens pas à apporter cette représentation qui ne suscite en mon âme aucun mouvement pieux, préférant garder comme image de la Vierge Marie un souvenir de mes quinze ans, le souvenir de la jeune Italienne qui incarnait *Maria Goretti* dans le film du même nom, qui avait, selon mes connaissances d'adolescent, toutes les vertus pour personnifier une « Vierge nommée Marie ».

La pluie n'a cessé de tomber, en soirée, de même que toute la nuit; une pluie abondante poussée par des vents forts. Malgré tout, je crois que j'ai bien dormi, ayant étendu par terre le matelas sur lequel j'avais déposé mon tapis de sol pour m'isoler des odeurs qu'il renferme. Au lever, nous pouvons apercevoir les grandes flaques d'eau dans les champs et l'important débit dans le ruisseau, près du collège. Après le déjeuner, servi par les frères, nous sommes les premiers à partir, les Français ayant décidé de retarder leur départ. Le *puncho* bien installé, Roger me répète l'adage bien connu : « La pluie du matin n'arrête pas le pèlerin. ». Nous sortons sous une pluie torrentielle, traversons le chemin pour rejoindre le sentier. Il est tellement rempli d'eau que nous devons marcher sur le côté, dans l'herbe haute et mouillée, de telle manière que, après un kilomètre, nos bottes sont détrempées et prennent l'humidité de tous les côtés. Roger fonce résolument vers l'avant. À plusieurs reprises, je voudrais l'appeler, analyser les données de nos livres guides pour voir si nous ne pouvons trouver une autre solution. Nous descendons vers une vallée et la situation ne cesse de se détériorer. Le chemin se transforme en un bain de boue et nos bottes s'enfoncent dans une terre gorgée d'eau au milieu de marécages pratiquement inondés, rendant le sentier totalement impraticable. Roger choisit la seule solution qui s'impose : monter sur le mur de pierre qui sert de clôture. Je le vois, loin devant, qui essaie de maintenir son équilibre sur la clôture de pierre, s'agrippant aux fils barbelés. Je m'aventure derrière lui, à droite du mur, car le vent pousse mon *puncho* sur les barbelés, qui le déchirent avec leurs broches piquantes. À l'extrémité de l'amoncellement de pierres, nous sommes devant un *arroyo seco* (un ruisseau sec) dans lequel il y a plus de deux mètres d'eau. Où trouver un pont pour traverser cette rivière? À première vue, il n'y en a aucun. Nous partons chacun de notre côté à la recherche d'un passage, à travers le marécage, dans la boue jusqu'aux genoux. Démarche inutile! Nous revenons vers le mur avec le courage au fond de nos bottes : aucun pont, aucun passage en vue, il faut retourner sur nos pas.

Pendant trois kilomètres, sur ce sentier inondé, nous nous traînons les pieds dans la boue, dans l'eau ou dans l'herbe mouillée jusque dans la cour du collège. Là, sous un abri pour faire sécher le linge, nous utilisons l'eau des gouttières pour nettoyer nos bottes, nos bas de pantalons et nos pieds crasseux. Puis nous faisons la lessive et tordons nos bas avant de les remettre dans nos bottes mouillées juste au moment du départ. Un vieux frère qui sympathise avec nous vient nous dire que le thermomètre indique deux degrés et qu'il a neigé cette nuit à *Salamanca*. Rien pour nous remonter le moral. Nous reprenons la route sous la pluie, qui n'a pas diminué d'intensité. Nos guides ne nous laissent aucun choix : il faut retrouver la N-630. Nous quittons le collège pour la deuxième fois vers 10 h 45 et à midi, après avoir parcouru cinq kilomètres, nous revenons au carrefour où nous étions la veille à la même heure. Nous retrouvons la route nationale qui pointe vers le nord, notre direction.

Avant de marcher sur l'accotement de cette route très achalandée pour dix-huit kilomètres jusqu'à *Aldea del Cano*, nous dévorons les seuls petits gâteaux qui nous restent, notre unique repas. Nous sommes le 1er avril. Notre aventure ne ressemble en rien à un poisson d'avril. Je sens que les ampoules se multiplient au fond de mes bottes, mais que peut-on faire d'autre? La pluie a diminué, nous prenons notre courage à deux mains et regagnons la route vers des lieux plus hospitaliers.

Pour la première fois, je crois, le fait de marcher sur le bord de la route, terrain solide, ne nous déplaît pas. Mes orteils sont ensanglantés, ils aimeraient bien s'arrêter. Après dix kilomètres de monotonie, la route longe un village, *Las Casas de Don Antonio*. Au carrefour, un premier bar routier nous permet de prendre une bouchée plus substantielle et un bon café chaud. Un Espagnol rencontré la veille s'arrête aussi. Il nous apprend que le couple de Français, l'Allemande et quelques autres ont pris l'autobus pour *Cáceres*. Nous ne les reverrons plus. À la sortie du bar, quelques rayons de soleil percent les nuages et l'espoir renaît. Il faut si peu pour donner du courage au pèlerin!

Nous arrivons à *Aldea del Cano* en fin d'après-midi, un petit village où les ressources semblent complètement absentes. Pendant que nous tournons en rond sur la *Plaza Mayor*, une vieille dame s'avance vers nous avec la clé de la *Casa rural*. Elle nous ouvre les portes : le gîte est magnifique. Nous nous installons et prenons une douche chaude très appréciée. En soirée, une dame plus jeune vient nous voir, probablement sa fille, elle s'informe si tout va bien, nous enregistre et nous demande quelques euros pour payer notre séjour. À cent mètres, sur le bord de la Nationale, un bar, *Mesón El Tablón,* offre *la cena*. Nous nous y rendons pour un excellent souper, arrosé naturellement d'une autre bouteille d'un vin de la région.

Après une bonne nuit de sommeil, nous repartons avec enthousiasme vers *Cáceres,* une étape de vingt-quatre kilomètres.

Cáceres

Nous quittons *La Casa Rural* de *Aldea del Cano* vers 7 h 45, après un dernier coup d'œil sur le plan de la journée. Nous nous arrêtons ensuite au bar où nous avons soupé hier soir. Des fermiers sont attablés au comptoir et discutent entre eux. Pour ces hommes, c'est la catastrophe, cela fait plus d'une semaine qu'ils ne peuvent pas sortir les tracteurs, travailler leur terre et ils devront attendre plusieurs jours encore, le temps que les chemins se dégorgent de leur eau. Normalement, cette période de l'année est consacrée à la préparation des sols et aux semailles, mais actuellement, la mauvaise température réduit ces travailleurs à l'inactivité.

Pour se rendre à *Cáceres*, quel chemin prendre aujourd'hui? Par la plaine, quatre rivières à traverser s'avèrent un obstacle majeur : les champs sont inondés et nous descendons au creux de la vallée. Passer par la route, la N-630, semble le seul moyen d'avancer convenablement. Le temps est toujours gris et couvert, mais au moins, il ne pleut pas. Onze kilomètres nous séparent d'un premier village, *Valdesalor.*

Malgré les ampoules aux orteils et la fatigue de la veille, nous marchons d'un bon pas. La Nationale traverse de grands champs de pâturages, quelques vignobles et de petits boisés sans aucune habitation. En sortant du village, nous jetons un coup d'œil sur le dolmen de *Garabato,* à droite, alors qu'un peu plus loin, sur la gauche, nous apercevons une piste d'atterrissage pour avions légers. Entre les cigognes qui sillonnent constamment le ciel et ces oiseaux artificiels faits de mains d'homme, la différence paraît bien mince, devant ce vaste horizon. Seules les bornes kilométriques que nous frôlons en marchant nous informent sur notre avancée. Nous arrivons à *Valdesalor* avant dix heures pour un bon café et une pause qui fait du bien. Au moment de reprendre le sac, notre livre guide mentionne que, pendant six kilomètres, un sentier suit la route, passant tantôt à droite, tantôt à gauche. Au premier regard, il semble en meilleur état que celui de ce matin. Nous l'empruntons pour briser la monotonie et ménager nos pieds. À *Puerto de las Camellas*, à cinq kilomètres de *Cáceres*, le *camino* s'éloigne de la Nationale et s'engage sur un beau sentier, sec et surélevé, un tronçon de *calzada* qui va nous permettre d'arriver rapidement au centre-ville.

Cáceres, une place forte avec de hautes murailles, au sommet d'une colline élevée qui surveille la région, a toujours joué un rôle militaire à travers l'histoire. Cet ancien camp fortifié, qui s'appelait à l'époque romaine *Castra Caecilia*, bâti en l'an 80 av. J.-C. par les Romains, attira des marchands qui s'établirent au pied de la colline, sur les bords de *l'arroyo Marco,* et construisirent la ville de *Norba Caeserina*. Elle ne cessa de s'agrandir durant le règne impérial. Après la chute de Rome, les Visigoths transformèrent la ville entière en forteresse jusqu'à l'arrivée des Arabes, qui en firent leur principal bastion de défense contre les attaques des Chevaliers Francs, venus prêter main forte aux Espagnols pour la reconquête de l'Espagne. Au XIIIe siècle, les rois catholiques, devenus maîtres de la cité, transformèrent la citadelle, l'adaptèrent aux conditions de guerre de l'époque pour en faire un *alcazar* quasi imprenable. Durant les deux cents ans qui suivirent, ils mirent la dernière main à ce quartier ancien, aujourd'hui déclaré patrimoine de l'humanité par l'UNESCO, qui fait la renommée de *Cáceres* et attire des visiteurs des quatre coins du monde. La ville, proprement dite, s'est construite tout autour, sur les flancs de la colline, jusqu'en bas dans la plaine.

Le *camino mozarabe* arrive par la *Ronda San Francisco*, monte au sommet de la colline par la rue qui porte le même nom jusqu'à l'église *San Juan* où nous pénétrons à l'intérieur de la citadelle. Les palais des rois catholiques ont été aménagés à partir des édifices construits par les Arabes. Aucun centre urbain en Espagne ne présente une telle harmonie dans ses lignes. C'est un espace privilégié de pierre et de silence. Les nombreux palais combinent sans extravagance les éléments gothiques et renaissants, agrémentés de tours médiévales, de fresques maniéristes et de retables rococo. La *Plaza San Roque*, la cathédrale, le palais épiscopal, le *Palacio* d'Isabelle, (fille de Moctezuma II, roi aztèque du Mexique, ayant épousé le noble *Toledo*), la *Casa de los Carvajal* et *los palacios de los Golfines* représentent les plus beaux joyaux de ce quartier. Comme la pluie d'abord douce intensifie son action, nous quittons les lieux, ce qui nous oblige à battre en retraite vers la *Plaza Mayor* pour y chercher un abri sous les arcades.

De cet endroit, il nous est impossible d'apercevoir la cathédrale *Santa Maria*, cachée par les hautes murailles. Par contre, l'église de *Santiago*, construite hors les murs, apparaît dans toute sa majesté. Elle nous rappelle que l'Ordre des Chevaliers de *Santiago* s'y était établi et que la forteresse demeurait, au fil des ans, le principal point stratégique servant de refuge en cas de retraite et de point de départ à de nombreuses batailles, durant la guerre de la *Reconquista*. Quand midi sonne au clocher de la cathédrale, nous sommes attablés pour déguster un mets local et nous reposer. Le repas terminé, le temps menace toujours. Nous ne voulons pas passer l'après-midi à visiter la ville sous la pluie comme nous l'avons fait à *Mérida*. Nous nous mettons donc en route vers *Casar de Cáceres*, qui se trouve douze kilomètres plus loin.

Notre guide mentionne deux chemins : passer par l'ouest et rejoindre la N-630 ou descendre vers l'est, suivre le *camino* vers l'*albergue*, puis emprunter de petites routes de campagne en direction de l'autre ville. Aux futurs pèlerins, je suggère de partir en direction ouest, sortir au nord de la *Plaza Mayor*, la partie la plus élevée, en passant sous *l'Arco de Estrella,* s'engager sur la rue du *General Margallo*, contourner la *Plaza de Toros* et le fléchage les conduira vers la N-630. Un beau sentier longe la Nationale, de telle sorte qu'il n'est pas nécessaire de marcher sur l'accotement, parcours que nous ont expliqué les Espagnols.

Quant à nous, au sud de la *Plaza Mayor*, nous prenons plutôt la direction est, le vieux tracé du *camino* qui passe devant l'*albergue juvenil* et qui rejoint des routes de campagne. Or, ce quartier s'est transformé en un vaste chantier de construction où il est impossible de trouver les flèches jaunes, celles-ci ayant disparu depuis longtemps sous les chenilles des excavatrices. À plusieurs reprises, nous nous arrêtons pour analyser le parcours ou pour demander notre chemin à des gens de la place, qui nous donnent souvent des renseignements contradictoires. Nous avançons, malgré tout, jusqu'à un carrefour où un jeune homme, réalisant notre désarroi, arrête sa voiture et nous donne des indications très précises. Il connaît précisément le chemin à suivre pour l'avoir parcouru l'automne précédent. Nous trouvons donc le vieux fléchage. Officiellement, le chemin ne passe plus par là. De vieilles flèches jaunes, en partie effacées par le temps et la pluie, nous guident à travers les champs vers la N-630. Ce *camino* n'ayant plus une existence légale, les fermiers ont enlevé les barrières ou simplement remis les clôtures de barbelés. Les champs sont toujours inondés. Nous traversons de nouveau des terrains marécageux, avec tous les problèmes que comporte une telle situation. Ma montre indique 16 h 00 quand nous rejoignons la N-630, les pieds et les bas de pantalons trempés. De petites averses se succèdent à intervalle irrégulier.

Deux policiers de la *Guardia Civil* arrêtent leur véhicule à notre hauteur et nous demandent si nous allons à l'*albergue*. Nous répondons par l'affirmative. Ils ne nous laissent pas le choix, ils s'emparent de nos sacs, les lancent dans leur camionnette et nous disent qu'ils vont les transporter jusqu'au gîte. Des hommes bien intentionnés, mais mal attentionnés. Au moment de refermer les portes de la camionnette, un des policiers écrase une boucle de ceinture de sac qui s'y était accrochée. Les morceaux de plastique volent en éclats. Je n'ose pas le dire à Roger sur le coup, préférant qu'il le découvre par lui-même plus tard. Entrer dans *Casar de Cáceres* exige de la patience, car il faut traverser dans toute sa longueur une ville construite le long d'une route nationale. Nous arrivons vers 5 h 00 de l'après-midi, après trente-six kilomètres. Pas besoin d'aller chercher la clé au bar, le gîte est ouvert depuis longtemps et plusieurs Espagnols y sont déjà installés.

C'est l'étape du lendemain qui nous a motivés à dépasser *Cáceres* et à nous rendre dans cette ville moins intéressante : l'étape *Cáceres-Cañaveral* fait exactement quarante-cinq kilomètres. Pour nous, c'est une distance impossible à franchir en une seule journée. Mais cet *albergue* municipal s'avère finalement intéressant. Situé au deuxième étage d'un centre communautaire, divisé en trois petits dortoirs et complété par une cuisinette, ce gîte offre l'essentiel. La propreté laisse à désirer, mais cette situation n'a rien de nouveau en Espagne. Avant d'installer mes affaires, je pars à la recherche d'une vadrouille. Comme les douches sont placées juste à côté de mon lit, la terre répandue sur le plancher s'est transformée en boue. Je ne tiens pas à patauger toute la soirée dans ces saletés. Nous commençons à regretter l'Allemande et ses manies de frotter partout… Après avoir pris possession de notre paillasse et y avoir laissé chapeaux et manteaux, nous partons à la recherche de nos effets. Le gérant du bar *La Majuca*, juste en face, pose le *sello* sur nos *credencials* et nous offre le souper. Les policiers y ont laissé nos sacs. En prenant le sien, Roger se rend tout de suite compte que la boucle a disparu, qu'il ne reste que la ceinture. Où trouver un magasin de sport à cette heure dans une ville si vaste?

Avant de partir avec lui, je jette un coup d'œil sur divers objets que j'avais glissés dans mon sac au cas où… une boucle convient parfaitement à son sac.

Après une arrivée tardive, une douche et un peu de lessive, nous pouvons profiter de quelques moments de détente et échanger avec des Espagnols que nous avons rencontrés les jours précédents. À 20 h 30, le bar se vide et les gens se dirigent vers une grande salle pour célébrer un mariage et nous sommes les seuls à souper dans la petite salle à dîner, à l'arrière de l'établissement. Le patron en personne vient allumer un calorifère, nous présente le menu et nous sert deux plats et une excellente bouteille pour un prix nettement raisonnable. D'abord une soupe, dans laquelle il a fait cuire des œufs, du jambon et des pâtes, puis des morceaux de côtelettes de porc cuits dans l'huile d'olive, un mets typique de l'Estrémadure. Après la pluie de la journée et nos trente-six kilomètres, nous recevons cet excellent repas comme une fleur qui nous redonne courage.

Cette nuit, je dors comme un bébé et au moment où j'entends les premiers Espagnols qui se lèvent et remplissent leur sac, il est déjà plus de 6 h 00. Pour une des rares fois depuis notre départ, nous pouvons faire chauffer de l'eau pour un café à la cuisine et démarrer notre journée avec une boisson chaude. Nous sommes contents de partir vers 7 h 00. Malgré les douze kilomètres franchis hier depuis *Cáceres,* l'étape d'aujourd'hui compte encore trente-trois kilomètres. Hier, trente-six, aujourd'hui, trente-trois, demain, trente! Réduire à vingt-cinq kilomètres la distance entre les étapes était notre objectif de départ, mais l'absence d'habitations et de lieux d'hébergement nous oblige à modifier constamment nos stratégies de marche.

Nous savions que certains secteurs du *camino* posaient des problèmes. Ce matin, nous les vivons intensément. Pourtant, jamais il ne fut question de prendre l'autobus ou tout autre moyen de transport. Nous avions décidé de faire ce chemin à pied, nous allions le poursuivre sans faux-fuyants.

Nous quittons la ville dans la pénombre, au moment où les dernières étoiles disparaissent. Le ciel est dégagé, mais un froid sec nous oblige à mettre des gants. À moins d'un kilomètre, nous passons à côté d'un *Ermita de Santiago*, juste avant d'entrer complètement dans la campagne où nous nous engageons sur un très beau chemin élevé et bien asséché. Dès que les premiers rayons de soleil s'éveillent sur la colline, je sors mon appareil. Quelques vaches projettent leur ombre sur la plaine et leurs silhouettes se dessinent clairement dans la lumière éclatante des premiers feux du jour. L'herbe verte qui couvre les champs laisse pointer ici et là quelques grosses pierres, disposées en tas, en colonnes ou sous forme de dolmen, souvenirs d'une civilisation très ancienne qui se mêlent parfois à des ruines romaines nettement plus récentes. Parcourir ces dix kilomètres de sentier entre *Casar de Cáceres* et le début du réservoir de *Alcantara*, par un beau matin frais et ensoleillé, devient, pour le pèlerin qui aime le calme et la beauté de la nature, un véritable enchantement.

Arrivés à *l'Embalse de Alcantara*, un lac artificiel, nous suivons le *Rio Almonte*, une rivière bien encastrée au fond d'une vallée profonde. Le chemin monte et descend sans cesse d'une façon abrupte au milieu de grosses roches et de murs de pierre. En d'autres mots, il escalade les collines plutôt que de les contourner. Un excellent exercice avant d'entreprendre la route.

Le long du réservoir, nous devons obligatoirement emprunter deux ponts qui enjambent à la fois une rivière à son embouchure et la vallée qui forme son lit. Avec la montée des eaux produite par le barrage, les rivières *Almonte* et *Tajo* se sont transformées en lac artificiel, exigeant des arches très larges, presque suspendues au-dessus de la masse liquide. Dans ces conditions, le *camino* n'a pas le choix d'emprunter la route pour franchir ce passage. Les deux rivières traversées, nous montons sur une colline et nous nous arrêtons pour déguster notre *bocadillo,* ayant déjà fait plus de vingt-quatre kilomètres. De ce point précis, notre regard s'étend sur l'ensemble du réservoir, de l'embouchure de la rivière *Tajo* jusqu'au barrage, seize kilomètres plus au sud. Nous avons de nouveau le choix de rester sur la route ou de reprendre le sentier. Nous avons envie de comparer les deux possibilités; cela nous semble une expérience enrichissante. Ainsi, Roger part sur le sentier alors que je poursuis sur la route. Nous nous retrouvons pratiquement en même temps à la hauteur de *Gradancil,* mais Roger a eu plus chaud. À son avis, le sentier est sûrement plus court, mais les escarpements le rendent difficile et retardent le marcheur. Et surtout, il n'est pas conseillé en cas de pluie, devenant à coup sûr un véritable casse-gueule.

À l'extrémité du réservoir de *Alcantara*, subsistent encore les ruines du *Alconétar*, long pont romain qui traversait le *Rio Tajo* et rejoignait la petite ville de *Gradancil*, sur l'autre versant de la vallée. Ce pont de deux cent quatre-vingt-dix mètres de long, soutenu par seize arcades, avait été construit sous le règne de l'empereur Trajan, au carrefour de deux grandes voies romaines : *La Via de la Plata,* qui rejoignait *Astorga,* et la *Via Dalmatia,* qui reliait les villes de *Cora* et de *Ciudad Rodrigo*. Le sultan Tarik et ses armées musulmanes avaient emprunté ce pont lors de la conquête de l'ouest de la Péninsule ibérique, en 713. Durant la guerre de la *Reconquista*, au XIe siècle, la conquête de ce pont fut l'enjeu principal de multiples batailles. Pour cette raison, les Mozarabes qui se rendaient à *Santiago* préféraient l'autre pont, plus au nord, celui de *San Benito*, juste au sud de *Cañaveral*. Aujourd'hui, du pont de *Alconétar,* il ne reste que deux arcades et cinq piliers, en bonne partie inondés par la montée des eaux du réservoir.

En cette fin d'après-midi, la fatigue des jours précédents commence à nous rattraper. Aussi, l'entrée à *Cañaveral* se fait dans la douleur. Pour finir la journée, nous devons affronter, en plus de nos trente-trois kilomètres, une montée continue et abrupte vers la petite ville, bien juchée au sommet d'une haute colline. Roger, qui s'est épuisé dans le sentier qui allait par monts et par vaux, ressent davantage la longueur du chemin. Lui qui n'a pas l'habitude de ralentir le pas traîne désespérément derrière moi. Au moment où la route s'engage au pied de la montée, il me dit simplement : « Garde ton rythme, ne regarde pas derrière. » Quelques mots qui expliquent tout. Je préfère m'arrêter, l'attendre. Il l'a fait souvent pour moi. Nous entrons ensemble dans la ville de *Cañaveral*, meurtris et épuisés, à la recherche d'un toit. Le premier citoyen rencontré, un homme dans la cinquantaine, nous explique que la ville ne possède pas d'*albergue* réservé aux pèlerins, mais qu'on peut trouver une chambre à *l'Hostal Malaga*.

À première vue, l'établissement ressemble à un motel de campagne, mais le patron nous conduit à une chambre à l'arrière, dans une partie rénovée, qui nous convient parfaitement. Je sors d'abord mon linge humide qui nécessite un peu de séchage, mais les fenêtres sont étroites et les rayons du soleil, plutôt faiblards. Après une douche, Roger s'étend sur son lit pour reprendre des forces, pendant que j'écris mes notes personnelles. Dès qu'il sent la forme revenir, nous repartons en ville à la recherche de vivres, car nos réserves sont encore épuisées. En ce samedi après-midi du 3 avril, les petits commerces ont déjà fermé leurs portes. Notre brève randonnée ne porte pas ses fruits. En voulant prendre une photo de la *Plaza Mayor,* j'aperçois dans mon objectif un adolescent qui sort par une porte ouverte avec un petit gâteau en main. Nous nous approchons en douceur pour constater que la dame, derrière cette porte, vend tout ce dont nous avons besoin : *pastels y jumos* (des gâteaux et des jus). Nous revenons à notre chambre pour une sieste avant le souper, désireux de calmer la fatigue de nos jambes avant d'entreprendre les trente kilomètres qui nous attendent le lendemain. Pour souper, le barman vient mettre une nappe de papier sur notre table. Deux pèlerins espagnols mangent à côté de nous et affirment parcourir entre quarante-cinq et cinquante kilomètres par jour. Ils marchent si vite que nous ne les avons jamais vus passer sur les sentiers. Je veux bien respecter le rythme de chacun, mais nous n'avons aucune envie d'exposer nos faibles performances sur la place publique. Nous nous contentons de les écouter. À la fin du repas, nous n'avons que quelques mètres à franchir dans la ruelle pour regagner notre chambre. Heureusement, car un orage vient d'éclater et une pluie diluvienne s'abat sur la ville. Toute la nuit, l'eau ruisselle sur le toit en pente en face de ma fenêtre, laissant entrevoir les conditions du sentier pour le lendemain.

Au lever, la pluie a cessé, mais le pavé est encore mouillé. Nous prenons notre déjeuner dans la chambre, puisque le bar n'ouvre pas le dimanche matin. Pour les cinq premiers kilomètres, le chemin monte sur quelques petites collines disposées en escalier. Jadis, le sentier ne passait pas à *Cañaveral*, mais plutôt par l'agglomération construite autour de la station de train. Depuis la création de la N-630, plusieurs habitations se sont vidées au même rythme que l'arrêt ferroviaire perdait de son importance, et cette *Estación de Cañaveral* paraît déserte, au moment où nous passons à proximité.

Au sommet de l'une de ces collines, le sentier contourne une belle petite chapelle, la *Ermita de San Cristobal,* qui reçoit les premiers rayons du soleil levant. Son architecture ancienne et son clocher de style visigoth nous rappellent qu'au Moyen Âge, le peuple mozarabe se rendait aussi à *Santiago*. À quelques pas seulement de l'édifice, le *camino* se cabre. Nous devons grimper vers une tour de transmission dans un ravin très abrupt où la pluie de cette nuit s'est frayée un passage, créant de larges sillons parmi de grosses pierres encore couvertes de boue. Avec courage et dans un effort constant, nous posons un pied devant l'autre vers le *pico* qui pointe devant nous. Au sommet, des arbres plantés récemment pour protéger les installations électriques nous empêchent de jeter un coup d'œil circulaire sur la plaine, en bas. Sans plus tarder, nous redescendons vers *Puerto de los Castaños*, le village construit au pied de la colline. Le sentier se faufile ensuite dans la campagne où de paisibles troupeaux de vaches paissent dans des prés en partie couverts de chênes-lièges. En d'autres saisons, ce coin de pays doit être paradisiaque, mais en ce printemps pluvieux, les premiers contreforts de la *Sierra de Gredos* que nous commençons à apercevoir sur la droite envoient dans les cours d'eau la neige fondante qui dévale des sommets enneigés. Les rivières sont remplies à pleine capacité et les endroits plats se transforment souvent en marécage. Nous essayons de suivre le sentier le plus près possible en évitant les terres basses pour ne pas enfoncer nos bottes dans le sol gluant. Un exercice qui monopolise toute notre attention.

Après neuf kilomètres, nous contournons *Grimaldo*, sans voir le village caché derrière les arbres. Dans cette agglomération, selon nos guides, un *albergue* très sympathique est mise à notre disposition. Mais à 10 h 00 du matin, ce genre d'arrêt ne nous attire pas outre mesure. Nous faisons plutôt une pause, une heure plus tard, sur une élévation pour admirer le paysage. Cette fois, les montagnes enneigées de la *Sierra de Gredos* brillent au soleil, à vingt ou trente kilomètres de notre sentier. Pendant cinq jours, nous allons sentir leur présence et subir les effets de la fonte des neiges jusqu'à la traversée de cette chaîne de montagnes, dans la région de *Béjar.*

Dépassé le village de *Grimaldo*, la campagne devient plus sauvage, plus désertique. Les troupeaux de vaches laitières sont remplacés par des moutons qui se baladent dans les collines à la recherche de nourriture. Parmi les chênes-lièges, plus clairsemés, pousse une végétation luxuriante et très particulière qui embaume la vallée et égaye le paysage de fleurs très variées. De cette flore inconnue pour nous, trois espèces retiennent notre attention, notamment *la jara,* un arbuste de un mètre de hauteur qui produit de grandes fleurs blanches qui pourraient ressembler à des marguerites. Au moment où nous cheminons, de gros boutons annoncent la floraison prochaine. Pour l'instant, ils se contentent de parfumer notre passage. De leur côté, *las alconoques*, de petites fleurs mauves qui poussent au pied des arbres et servent à retenir l'humidité, sont déjà en pleine maturité. Elles forment de magnifiques tapis sous les chênes verts, *las encinas*, petits arbres très particuliers que l'on ne retrouve qu'en Espagne, principalement en Estrémadure. Ce chêne, moitié arbre, moitié arbuste, pousse en forme de parapluie et donne un minuscule feuillage d'un vert bouteille très prononcé. Ces coloris plaisent à l'œil qui désire les contempler. Émerveillés par cette beauté qui nous entoure, nous nous asseyons vers midi pour manger notre *bocadillo*, ayant déjà parcouru plus de dix-huit kilomètres.

Pour mettre un peu de piquant dans une journée qui s'annonçait sans problèmes, je fais une plongée magistrale dans la *Rio Lobos* (rivière du Loup). Au début, l'incident paraît banal, mais il aura des conséquences sérieuses sur le reste du *camino*.

Arrivés au bord de la rivière en crue, nous voyons bien que de l'eau coule au-dessus de plusieurs pierres. La traversée du cours d'eau exige que l'on évite la chute sur plus d'une vingtaine d'entre elles. Roger passe le premier, sans aucun problème, en s'assurant de préserver son équilibre sur les roches. Il me dit seulement : « Fais attention, elles bougent beaucoup. » Je m'engage en douceur, vérifiant la solidité de chaque pierre, un pas après l'autre. Que s'est-il passé exactement? Difficile à dire. Ce type d'accident se produit si rapidement! Je crois que mon bâton extensible a fléchi et que ce mouvement m'a déséquilibré totalement. Toujours est-il qu'en voulant me redresser, je pose le pied sur une roche qui se déplace. En une fraction de seconde, m'agrippant à mon bâton, je plonge tête première dans une rivière de roches où coulent plus de deux pieds d'eau. Mon premier réflexe : sortir le plus rapidement possible pour ne pas mouiller mon sac et préserver mes documents. C'est probablement à ce moment que je me suis blessé.

Rendu sur la rive, je reprends mon souffle, tâte mes membres : rien de cassé. J'ai l'impression de sortir indemne de cet incident finalement banal. Je vérifie mon passeport, mon billet d'avion, ma montre, mes lunettes, tout est en parfait état. C'est alors que Roger me signale que mon oreille droite saigne abondamment. Au moment de l'impact, je me rappelle que ma tête a heurté violemment une pierre et que mon oreille a encaissé le coup. Je mets un papier mouchoir pour éponger le sang et je lui dis en blaguant que cette blessure n'a aucune importance, que cette partie de mon anatomie est un élément décoratif et ne sert plus depuis plusieurs années. De fait, je suis sourd de l'oreille droite depuis mon accident survenu lorsque j'avais dix-neuf ans. Comme je suis complètement trempé, je décide de changer tous mes vêtements. Dès que je descends mon pantalon, je vois le désastre : ma jambe gauche est couverte de sang. Pour favoriser la coagulation, je l'essuie et la recouvre de papiers mouchoirs du milieu de la cuisse jusqu'à la cheville. Le soleil de 14 h 00 et un bon vent frais permettent de m'assécher rapidement. Je peux me rhabiller, quitte à poser des pansements à mon arrivée au gîte. Dès que le sang s'arrête de couler, nous reprenons le sentier pour les cinq derniers kilomètres. Je marche sans difficulté, jugeant mes blessures superficielles et espérant une guérison rapide.

Peu après, sur le chemin rupestre qui nous conduit vers *Galisteo,* un des Espagnols avec qui nous avons soupé hier soir et qui se vantait de faire quarante-cinq kilomètres par jour nous dépasse en furie, ne cessant de se frapper la tête : « *No la veo, no la veo…* », dit-il sans arrêt. Tout en marchant, il nous explique qu'il n'a pas vu une flèche jaune, qu'il s'est égaré et qu'il est encore furieux contre lui-même. Il a probablement poursuivi son chemin tard en soirée, car nous ne l'avons jamais revu.

La ville fortifiée de *Galisteo*, juchée sur une haute colline, bravant l'ennemi avec ses hautes murailles crénelées, apparaît au pèlerin dès que celui-ci arrive à découvert. Près de quatre kilomètres nous séparent de ses murs. De plus, le *camino* contourne complètement la ville avant d'y entrer, puisque la seule porte qui permet de s'introduire à l'intérieur se trouve sur le versant opposé. En suivant les flèches jaunes qui nous conduisent vers la montée royale, nous passons devant un bar. Nous succombons à la tentation de prendre une bière pour remercier saint Jacques de protéger notre chemin. *Maria Cruz*, la jeune dame qui nous apporte nos verres, nous offre une chambre et deux lits dans la *Mesón Rusticiana*, juste derrière le bar. Comme nous ne demandons pas mieux que de nous arrêter, nous acceptons son invitation et nous nous rendons à l'instant voir les lieux. Cette grande maison, rénovée et aménagée spécialement pour les marcheurs, nous plaît dès le premier regard.

Bien installé, je nettoie mes plaies à l'eau chaude, enlève des résidus de roche qui s'y étaient cachés et je couvre mes blessures les unes après les autres avec des pansements variés. J'ai gardé mes vieux diachylons non utilisés lors de mon chemin de 2001, pour une fois, je leur trouve une utilité. Pour l'instant, je me considère chanceux : je n'ai pas de blessures majeures, mon équipement est en bon état, je peux continuer mon chemin en toute sérénité.

Après une douche, nous effectuons une lessive un peu plus compliquée. Nous étendons nos nippes dans les fenêtres, sous les ardeurs du soleil, espérant cette fois que le linge va sécher complètement. Et nous partons visiter cette forteresse qui est demeurée pratiquement inchangée depuis la fin du Moyen Âge.

L'origine de la ville de *Galisteo* demeure incertaine. La majorité des historiens s'entendent pour dire qu'à l'époque romaine, un petit village nommé *Rusticiana*, sur le bord de *Rio Jerte,* servait de poste de relais pour les courriers qui traversaient la *calzada.* Mais aucun vestige important n'en fournit la preuve incontestable. La ville telle que nous la connaissons aujourd'hui a été construite par les Arabes, principalement par la dynastie des *Almohades*, donc au milieu du XIIe siècle. Des murailles de trois mètres de largeur et de onze mètres de hauteur encerclent la vieille ville. Il est possible d'y faire une promenade pour observer la vie de la ville, étudier son organisation et jeter un coup d'œil panoramique sur la région. À l'intérieur des murs, la majorité des maisons, construites selon le style architectural mudéjar, sont demeurées inchangées au cours des siècles. Cette ville s'ouvre ainsi à nous comme un grand livre d'histoire. Malgré les blessures de la journée, je tiens à visiter chacune des ruelles. Toutes en valent la peine. Peu de voitures ont accès à l'intérieur de la ville, et si elles s'y rendent, elles doivent se garer seulement à la *Plaza Mayor*. C'est pourquoi des emplacements ont été aménagés pour le stationnement au pied des murailles.

En soirée, nous retournons au bar pour le souper. Étant les seuls clients dans la salle à manger, du moins au début, nous profitons du fait que *Maria Cruz* peut se libérer et venir nous faire un brin de causette. Elle nous explique que le nom *Galisteo* vient des Arabes qui ont construit la ville. En aménageant cette grande maison pour les pèlerins et les marcheurs, elle a simplement emprunté le nom latin du village, *Rusticiana*. Dans sa jeunesse, elle a travaillé quatre ans au nord de Lille, en France, et elle est toujours heureuse de rencontrer des personnes qui parlent français. Malheureusement, dit-elle, les pèlerins qui parlent cette langue se font rares sur *La Via de la Plata*.

Au cours de la nuit, je commence à ressentir les effets de ma chute : la douleur renaît dans ma jambe gauche. Au matin, je constate les dégâts : la partie droite de mon genou est enflée et douloureuse au toucher. Je prends un des comprimés reçus de la pharmacienne, espérant qu'il chassera la douleur, et je garde les autres à la portée de la main. Dorénavant, à chaque matin, je prendrai un de ces comprimés avant de reprendre le chemin, car cette douleur au genou va persister jusqu'à *Santiago*. Comme Roger ressent toujours une douleur à la hanche, nos questions habituelles se ressembleront beaucoup : Comment va ton genou? Comment va ta hanche?

Après notre café dans la cuisinette de la *Mesón Rusticiana*, nous ajustons notre sac sur nos épaules, l'air un peu sombre, ignorant si nous pourrons parcourir la distance prévue pour la journée. Avec le rhume de Roger qui persiste et mon genou qui gémit, nous demeurons sceptiques. Les premiers pas sur le sentier me font réellement souffrir. Dès la sortie de la ville, un long pont de pierre sur la rivière *Jerte* se présente à nous, construit au Moyen Âge sur les ruines d'un pont plus ancien, probablement romain. Cet ouvrage magnifique mérite un examen. Roger s'arrête et étudie quel est le meilleur angle pour prendre une excellente photo, alors que moi, assis sur le parapet, je ne pense qu'à reposer mon genou.

Le sentier suit un canal, construit en hauteur et à l'horizontal, parce que l'eau y coule par gravitation à partir d'un petit barrage plus au nord jusqu'à proximité de la ville, le long de la rivière *Jerte,* située au fond de la vallée. Ce chemin, qui sert aussi à l'entretien du canal, est aménagé pour la circulation des camions et se parcourt agréablement. Je prends un autre comprimé et je laisse filer Roger devant moi. Je dois l'avouer et je m'en confesse, même si la pharmacienne m'a bien recommandé de ne prendre qu'un comprimé par jour, il m'est arrivé quelques fois de tricher. Je tiens à faire ce *camino* et je dois prendre tous les moyens pour y arriver.

Au moment où le sentier quitte les bords du canal, j'aperçois Roger, assis sur une grosse pierre. Il m'attend. Nous discutons de la situation : malgré la douleur, je crois pouvoir marcher sans problème. Nous convenons de faire une courte étape et de nous arrêter dans dix kilomètres, à *Carcaboso*. Lui aussi veut prendre une journée de repos, à moins qu'il n'y ait aucun gîte. Pour le moment, le sentier s'engage sur un chemin pour les animaux (que les Espagnols du sud appellent généralement une *cañada*), entre des murs de pierre, où ne se trouve aucune habitation. Si l'on continue, il faut se rendre au prochain village, à *Aldehuela del Jerte*, à six kilomètres. J'espère pouvoir y arriver.

Ce sentier large et sec continue au flanc de la vallée, un peu sur les hauteurs, loin des cours d'eau à traverser. Nous arrivons à *Aldehuela del Jerte* vers 10 h 00 et cherchons en vain un bar. Cette agglomération d'une dizaine de maisons ressemble un peu à un village fantôme. Nous n'apercevons pas âme qui vive. Un banc sur une petite *plaza* nous permet de nous asseoir pour manger notre collation. Seulement quatre kilomètres nous séparent de *Carcaboso*. Nous les franchissons à petite vitesse et arrivons un peu avant midi au village.

Au bar *Las Golondrinas* (Les Hirondelles), pendant que nous dégustons notre bière, le gérant affirme que nous allons trouver la clé du centre sportif à la mairie. L'endroit porte bien son nom, car une multitude d'oiseaux virevoltent dans le parc juste en face.

À la mairie, un agent de la *Guardia Civil* nous donne la clé, le plan de la ville et nous présente les éléments touristiques de la région. Nous reprenons nos sacs pour nous diriger vers le *centro deportivo* où nous allons dormir. En chemin, nous passons devant un petit édifice, plutôt anonyme, *el centro medico*. Une simple feuille de papier collée sur la porte informe les gens du village qu'un médecin va passer vers les 18 h 00. Cette information tombe à point.

Le centre sportif est un établissement muni de douches et de toilettes pour les amateurs de sport qui viennent jouer, la fin de semaine, sur le terrain de *foot* juste à côté ou dans le gymnase couvert lorsqu'il pleut. Il n'est pas propre, mais nous avons un toit et de l'eau froide. Nous pouvons étendre nos matelas de sol et jouir de la tranquillité des lieux. Quant au bar *Las Golondrinas*, le patron nous invite à y prendre le dîner et le souper. Le soleil étant au rendez-vous aujourd'hui encore, nous pouvons faire sécher notre linge. Comme les attraits du village se limitent à peu de choses, nous nous contentons d'une visite rapide à l'église principale et nous nous attardons davantage à une toute petite chapelle du Ve siècle, construite juste avant la chute de

Rome. Cet édifice faisait partie jadis d'un grand domaine romain qui a donné naissance au village. Dans un parc, à côté, nous retrouvons plusieurs pierres avec des inscriptions en latin. Malheureusement, l'usure a endommagé les caractères au point qu'il est difficile maintenant de reconnaître un seul mot complet.

À 18 h 00, nous nous présentons à la porte du centre médical. Quelques personnes attendent déjà. Quand vient notre tour, j'entre dans le bureau en même temps que Roger. Un médecin dans la cinquantaine renouvelle les prescriptions de mon compagnon de route et jette un regard sur mon genou. Selon lui, la blessure est superficielle et les comprimés de la pharmacienne suffisent. Cependant, si l'enflure prend du volume, je n'aurai d'autre choix que de m'arrêter, de voir un autre médecin et probablement de rentrer au pays. Pour l'instant, le fait de continuer à marcher peut accélérer la guérison. Quant à la douleur, s'il se fie à son expérience, elle peut durer encore plusieurs mois. Une telle blessure met beaucoup de temps à guérir, je dois prendre mon mal en patience. Je sors du bureau en partie rassuré et je décide d'abandonner mon sort entre les mains de saint Jacques. Il m'a déjà sorti du pétrin plus d'une fois, c'est à lui de me conduire jusqu'à *Santiago*.

Dans ce centre sportif perdu au milieu des champs et sans chauffage, la nuit s'annonce fraîche. Bien enveloppé dans mon sac de couchage « momie », je m'endors dans la tranquillité et la grande noirceur de notre solitude. Seules quelques cigognes viennent faire un brin de conversation au milieu de la nuit. La veille, le patron du bar nous a dit que nous pouvions venir déjeuner chez lui. C'est pourquoi nous n'avons rien prévu pour le déjeuner et le dîner, supposant qu'il nous ferait un *bocadillo* avec le pain frais du matin. Or, au moment où nous arrivons pour déjeuner, il nous apprend que le boulanger local a fermé ses portes pour des raisons personnelles et que le pain du village voisin va être livré vers 10 h 00 seulement. Donc ce matin, pas de *tostadas*, pas de *bocadillo*. Nous partons sur un sentier totalement désertique, sans aucune habitation à la ronde.

L'Arco de Cáparra

Sur la première partie du chemin, les problèmes se succèdent. Nous marchons très près de la rivière *Jerte*, qui déborde régulièrement dans les cours d'eau adjacents. Le sentier passe entre des murs de pierre, mais parfois il faut marcher sur l'accotement de ces murs puisqu'une mare d'eau remplit la partie centrale. Juste avant le barrage sur la rivière, la plaine est inondée tout autour de nous, le terrain est marécageux et nos bottes s'enfoncent lamentablement dans l'eau et la boue. Nous arrivons finalement à une grande étendue d'eau où les champs sont complètement noyés, à perte de vue. Où pourrions-nous passer? Une seule alternative : un mur de pierre, construit avec de petites roches qui roulent, sur une distance d'une vingtaine de mètres, relie deux bandes de terre ferme. Roger s'engage le premier. Je le vois constamment vaciller, hésiter, mais il maintient son équilibre jusqu'au bout. Il faut reconnaître que le bassin d'eau, des deux côtés du mur, d'un peu plus d'un mètre de profondeur, n'invite pas le marcheur à s'y laisser choir.

Mon compagnon, arrivé sur l'autre rive, se retourne vers moi et me dit tout bonnement : « Fais attention, elles bougent beaucoup. » Mais je devine qu'il pense déjà que je suis mûr pour une troisième chute, l'occasion étant trop belle. Je m'avance donc avec précaution, vérifiant chacun de mes pas, décidé à m'agripper au mur si jamais je perds pied. Eh bien, cette fois, saint Jacques me tient la main, je passe sans ambages.

Au-delà du barrage, le chemin commence à monter et le sentier s'améliore constamment. Après treize kilomètres parcourus dans ce bourbier, nous rejoignons une route droite et sèche, la *calzada*, qui va nous conduire à *l'Arco de Cáparra*. À la première occasion, nous nous arrêtons sous des arbres pour vider l'eau de nos bottes et grignoter nos réserves. Ce midi, nous avons peu à nous mettre sous la dent. Roger mange les derniers petits gâteaux, alors que je plonge ma main dans un sac de fruits séchés : des amandes, des noix et des cacahouètes. Au même moment, quatre cavaliers s'approchent avec leur monture. Ils viennent de *Cordoba* et se rendent à cheval jusqu'à *Santiago*. Une camionnette les accompagne et roule sur les routes asphaltées pour transporter les sacs et la nourriture pour les chevaux. Ces hommes un peu grassouillets s'arrêtent un moment, s'informent de notre chemin et s'étonnent que nous marchions ainsi, un Belge et un Canadien, sur ces sentiers difficiles et marécageux avec nos sacs trop lourds. Puis, ils reprennent le chemin, se laissant balancer par le pas lent et tranquille de leurs bêtes.

Durant notre arrêt, nous avons étendu nos bas au soleil. Au moment de remettre nos bottes, nous retrouvons la même humidité. Ce laps de temps trop court a eu peu d'effet sur nos chaussettes détrempées. Au moins, le soleil du midi chauffe les pierres de la *calzada* et maintient nos pieds dans une douce tiédeur. Pour ces derniers quatre kilomètres avant l'*Arco de Cáparra*, la nature se surpasse : les fleurs, les arbustes et les odeurs printanières créent dans cette région isolée et perdue un véritable coin de paradis. Cette portion du chemin apporte au marcheur séduit par la beauté des lieux un contentement sans pareil. Est-ce la proximité de l'Arc de triomphe? Est-ce le fait de marcher sur une voie romaine? Ou simplement la grande solitude qui concourt à créer une ambiance très spéciale? Impossible de ne pas penser à ces multiples générations qui nous ont précédés, qui ont emprunté ce chemin vieux de milliers d'années. Le passé et le présent se confondent dans une étonnante harmonie.

L'arc de triomphe de l'empereur Trajan apparaît soudainement quand nous débouchons dans une vaste clairière. Malgré ses deux mille ans d'existence, le monument, majestueux et relativement bien conservé, frappe le regard dès l'abord. À partir du moment où je peux le voir tout entier, je cherche le meilleur angle pour une photo. Roger s'en approche déjà et derrière, les montagnes enneigées de la *Sierra de Gredos* offrent un décor grandiose. Si je devais garder une seule photo de mon chemin, ce serait sûrement celle-là. Je m'avance lentement vers le monument, observant chaque détail. À proximité, l'usure du temps paraît plus implacable. Les bas-reliefs ont disparu et les inscriptions latines sont illisibles, mais la structure conserve toute sa majesté d'antan. Juste à côté, la ville de *Cáparra* étend ses ruines sur des centaines de mètres de superficie.

La ville romaine de *Cáparra* était l'une des plus grandes et des plus connues de la voie romaine entre

Mérida et *Astorga*. En plus de ses grandes maisons avec leur cour intérieure, elle possédait un vaste *forum*, un amphithéâtre et deux grands temples dont l'ensemble couvrait plus de seize hectares de terrain. Lors de l'invasion des Barbares, au Ve siècle, les Vandales n'ont laissé que des pierres de cette magnifique cité construite sur les bords de la rivière *Amboz*. Personne n'a songé à la reconstruire. Elle est demeurée une plaie ouverte dans les récits des historiens, une preuve tangible de la sottise de la race humaine quand elle perd de vue ses objectifs les plus nobles.

Après être passés sous l'*Arco de Cáparra*, nous rejoignons les cavaliers de Cordoue, qui se sont arrêtés pour pique-niquer. Roger demande à l'un d'eux de faire le photographe pour que nous puissions conserver une photo de nous deux avec le monument comme toile de fond. Décidément, les Espagnols ont peu de succès avec le matériel de Roger : au lieu de faire déclencher la photo, l'homme en question, qui connaît peu le maniement de l'appareil, fait démarrer le défilement de la pellicule. Non seulement Roger n'obtient aucune photo, mais il perd son film sur lequel il n'avait heureusement que deux photos. Je n'ose pas prêter le mien, de peur qu'il subisse le même sort. Pour faire oublier cette triste aventure, les Espagnols, bons joueurs, nous offrent une bière. Après un dîner sans repas, une telle offre ne se refuse pas.

Pendant que nous trinquons ensemble, nous nous informons de la route à suivre pour nous rendre à l'hôtel *Asturias*, où nous voulons dormir cette nuit. Ces cavaliers, qui semblent connaître le chemin, sont unanimes : il suffit de rejoindre la route dans un kilomètre, de tourner à gauche, et nous allons retrouver l'hôtel dans trois ou quatre kilomètres. Malgré leurs arguments, je demeure sceptique et je fais part de mes doutes à Roger. Mon livre guide indique clairement qu'il faut tourner à droite, se diriger vers la Nationale 630. Nous décidons de téléphoner à l'hôtel. Pour toute réponse, j'entends le gérant vociférer au milieu des bruits de verres et d'assiettes qui s'entrechoquent et des clients qui crient à tue-tête : « À quatre kilomètres à gauche de la route », et il raccroche. Je transmets l'information à Roger et nous concluons que nos livres se sont trompés, pour une fois. Nous partons vers la gauche, rapidement, désireux de trouver un bon restaurant. La faim se fait douloureusement sentir.

Cette route de campagne étend son ruban goudronné à travers la plaine désertique presque à l'infini. Nous marchons, marchons, marchons sans arrêt. Roger a pris une longueur d'avance. Loin devant moi, il galope à grandes enjambées. De mon côté, la douleur de mon genou se fait plus intense et le dernier comprimé avalé demeure sans effet. Mon esprit sans emploi étudie la façon de rendre la douleur moins intense. En essayant divers mouvements, je me rends compte que, si je tords légèrement mon pied gauche, la souffrance diminue. La démarche idéale se précise lentement : lancer mon pied droit vers l'avant et mon pied gauche vers la gauche. Cette idée farfelue me fait d'abord sourire. Nous marchons généralement en direction nord-ouest, et ma nouvelle démarche positionne mon pied droit vers le nord et mon pied gauche vers l'ouest. Ainsi, en maintenant cette direction, je ne pourrai sûrement pas manquer *Santiago de Compostela*. Finalement, à un carrefour, je rejoins Roger. Inutile qu'il me fasse un dessin, son visage me dit que son moral est à son plus bas. Des panneaux routiers annoncent deux villages non inscrits dans nos guides, l'un à huit kilomètres à gauche, l'autre à dix à droite. Et derrière nous, dans la direction d'où nous venons, la N-630 et le carrefour où se trouve l'hôtel *Asturias,* à douze kilomètres. Que faire? Roger me dit : « Il faut faire de l'auto-stop! » Aucune objection, mais personne ne passe sur cette route. À bout de ressources, la nécessité, la mère de toutes nos décisions, nous oblige à partir à rebours.

Une seule voiture s'arrête, avec à son bord un cultivateur qui se rend travailler dans ses champs. Quel patois parle-t-il? Impossible de se comprendre. Quelques Mercedes sifflent à nos oreilles, mais c'est bien connu, une telle voiture ne sait pas s'arrêter sur une route secondaire. Je grignote mes derniers fruits séchés, prends une gorgée d'eau de temps en temps pour ne pas épuiser mes réserves. Le soleil n'a pas perdu de son ardeur et les sueurs ruissellent sur nos fronts. Roger a perdu son élan. Il marche péniblement et je dois l'attendre constamment. Dans mes bottes, l'humidité du matin fait son œuvre. Mes diachylons n'ont pas tenu le coup. Le liquide qui coule entre mes orteils, maintenant, s'avère être du sang. Quel spectacle quand je vais enlever mes bottes! Je marche comme une bête de somme, essayant d'oublier mes pieds, me concentrant sur la *Sierra de Gredos* qui s'étend à l'horizon. Je l'avais pourtant noté dans mon livre guide, la N-630 serpente au pied de la chaîne de montagnes. Les autres renseignements obtenus semblaient incertains. Camille, une amie de Trois-Rivières, s'était égarée elle aussi dans cette région tandis que Serge, l'autre pèlerin québécois qui m'avait précédé quelques années plus tôt, était passé tout droit, pouvant difficilement donner des indications pour cette partie du chemin. Roger avait reçu un message des auteurs de son livre, *Los Amigos de Sevilla,* mais le texte prêtait à confusion. Bref, les conditions étaient réunies pour ce fourvoiement. L'absence de nourriture et d'eau ainsi que l'état déplorable de nos pieds ne venaient qu'aggraver la situation.

De retour à proximité de *l'Arco de Cáparra*, je m'arrête pour attendre Roger. C'est en sa présence que je veux prendre une photo du panneau routier qui annonce le monument. En s'approchant de moi, il laisse tomber simplement : « Je n'en peux plus. » À voir son air défait, son dos qui ploie sous le sac, je sais qu'il est rendu au bout du rouleau. Que peut-on faire d'autre? Il faut avancer. Nous marchons quelque temps côte à côte, mais peu à peu je pars devant, il n'aime pas que je le voie souffrir autant. Roger continue de lever le pouce chaque fois qu'une voiture vient en notre direction. Soudain, une petite *Seat* espagnole s'arrête à ma hauteur. J'explique au conducteur que mon compagnon de route est malade, qu'il a vraiment besoin d'aide. Le bon samaritain veut bien l'aider. Il descend de la voiture, ouvre la portière arrière et dès que Roger arrive, il l'invite à s'y engouffrer. Mais la voiture offre peu de place; dès que le gros sac est installé, il ne reste qu'un espace pour un homme. Mes forces n'ont pas atteint leurs limites, je peux continuer encore. En quittant, Roger me promet de venir à ma rencontre.

Après son départ, une vive douleur au haut du dos m'oblige à laisser tomber mon sac. Le soleil brûle cette partie de mon cou qui n'a pas reçu de crème solaire. Comme un malheur n'arrive jamais seul, j'ai distribué, ce matin, sur mes membres les plus exposés, le peu qui me restait. Maintenant, le Myoflex demeure le seul corps graisseux qui pourrait soulager ma brûlure. Je tente en vain de rejoindre le centre du dos. Faute de trouver une main charitable qui pourrait répandre la pommade sur la plaie, je dois continuer ma route avec cette souffrance. Pendant que je me traîne, mon regard se porte sur la montagne, seul sujet capable d'apaiser mes maux. Sous le soleil de 17 h 00, elle brille d'un vif éclat : le vert foncé de la base s'attendrit en montant sur les flancs, auquel viennent s'ajouter l'ocre, le gris de la pierre et la blancheur des sommets. Cette montagne respire la sérénité et apaise mon âme. Je me rappelle mon séjour dans les Alpes en 1986-87. Nous habitions une vieille maison de fermier du XIIIe siècle située au-dessus de la vallée de l'Isère. Cette grande demeure de pierre, adossée à la Chartreuse, s'ouvrait sur la Belledonne, juste en face. Il m'arrivait souvent de venir rêver devant la montagne à cette heure-ci, alors que la lumière brillait à son apogée.

Au moment où je commence mon quarantième kilomètre et que j'aperçois la N-630 au loin, une petite camionnette ralentit, prend l'accotement et s'arrête à quelques pas de moi. Roger en descend, tout radieux. Deux jeunes filles l'accompagnent et m'invitent à monter pour me ramener à l'hôtel. La conductrice semble bien connaître la région, car elle circule dans ce dédale de routes sans aucune forme d'hésitation et en un tour de main, se gare devant l'hôtel *Asturias*. Elle n'accepte pas un sou pour ce geste fort sympathique. Après le souper, contrairement à l'habitude car les Européens ne laissent plus de pourboire, nous offrons quelques euros à cette jeune employée charitable.

Devant une bière, avant de me montrer la chambre, Roger me raconte toute l'aventure : le père de famille est venu le reconduire ici, même si ce détour l'éloignait de son chemin. Lui-même a essayé de trouver un taxi, mais sans succès. Les deux jeunes filles, témoins de ses efforts, ont bien voulu, après leur quart de travail, venir à ma rencontre pour me tirer de ces routes qui se coupent et se croisent, parce que, avec tous les travaux routiers dans le secteur, j'aurais pu facilement me retrouver loin de cet hôtel.

L'Hostal Asturias, situé dans un endroit isolé à la fin du *Corredor de Béjar*, accueille surtout des camionneurs qui, après la dure traversée de la *Sierra de Gredos*, désirent se reposer et laisser refroidir le moteur de leur mastodonte. Chez ces conducteurs, le culte de Marie est très répandu, comme dans l'ensemble de la société espagnole. Pour ne donner qu'un exemple, il n'est pas rare de voir une image de Marie peinte sur une portière d'un lourd camion de transport, en guise de *protección*. Ces mêmes camionneurs, quand ils s'arrêtent dans les bars le long des autoroutes, retrouvent chaque fois, affichés aux murs devant eux, trois ou quatre calendriers de jeunes filles aux seins nus, plus ou moins vierges. C'est pour *l'affección*. Le soir, ils se regroupent devant la télévision pour regarder une partie de *foot* et ils se signent pour que leur équipe gagne. C'est *la devocción.*

Dans notre chambre, j'enlève mes bottes avec précaution. La partie avant de chacun de mes bas est imbibée de sang, des ampoules de toutes les formes couvrent mes orteils. Pendant la douche de mon compagnon, j'examine consciencieusement la situation. Aucun doute possible, le travail d'infirmier va m'occuper une partie de la soirée. Heureusement, ce petit hôtel au milieu de nulle part, près de la N-630, offre tout ce dont nous avons besoin et aucun attrait touristique ne nous attire à l'extérieur.

Au bar, je demande au gérant s'il ne pourrait pas nous donner de vieux journaux pour mettre dans nos bottes afin de les assécher. Il tire de dessous son comptoir deux exemplaires de la veille. Avant de leur confier la tâche d'aspirer l'humidité, j'examine la page couverture : trois grandes photos couvrent la surface entière et illustrent bien quelques coutumes espagnoles. D'abord, à gauche, un joueur de soccer d'un club de la région s'arrache les cheveux peu après avoir dirigé le ballon dans son propre but. Les Espagnols accordent beaucoup d'importance à ce sport et les journaux sont remplis de potins et d'illustrations des parties de *foot*. Au centre, une figure contorsionnée du Christ, couronnée d'une épaisse couronne d'épines, dont les flots de sang s'échappent et coulent sur la tunique. Les gens de l'Estrémadure adorent ces représentations de la douleur et essayent de les rendre les plus expressives que possible. Un musée régional vient d'en dénicher une qui dormait paisiblement à l'ombre dans un placard d'une église de village et se fait un plaisir de la présenter au public. Juste à côté de ce Jésus qui souffre pour effacer les péchés des hommes, la photo de droite représente une jeune fille en fleurs qui expose à tous vents ses seins gonflés à l'hélium. Je croyais d'abord voir en cette photo une jeune Américaine engraissée au Big Mac, mais le journal télévisé de 20 h 00 va nous instruire davantage sur l'histoire rocambolesque de cette charmante personne.

Il s'agit d'une jeune fille de la région, partie gagner sa vie à Los Angeles dans l'industrie du film pornographique, qui vient de mourir du SIDA, à vingt-cinq ans. Durant les nouvelles du soir, à la télévision, sa mère, éplorée, ne comprend pas ce qui est arrivé à sa fille vertueuse et talentueuse. Devant la journaliste venue l'interviewer, elle exhibe toutes les médailles que sa fille portait, habillée. Malheureusement, son travail professionnel l'obligeait à les enlever, car cela nuisait, paraît-il, à la concentration de ses partenaires. La dernière photo du reportage nous montre la jeune fille en tenue d'Ève et chacun peut voir qu'elle ne porte plus les médailles qui auraient pu la protéger. Les Espagnols, qui ont vécu longtemps sous des gouvernements autoritaires, cherchent leur liberté individuelle à travers des chemins parfois excessifs.

Avant le souper, nous descendons sur la terrasse du bar pour l'apéritif. La montagne, illuminée en rose par le soleil couchant, apporte la paix à nos corps fatigués et pose un baume sur nos blessures. Dans la douceur du soir qui s'achève, nous revoyons ensemble notre journée et préparons celle qui va venir. Loin de nous avoir découragés, les épreuves d'aujourd'hui nous stimulent pour l'étape du lendemain. Les quarante kilomètres nous ont quand même permis d'avancer vers le nord. Une courte distance nous attend demain matin pour nous rendre à *Aldeanueva del Camino*.

Malgré une nuit agitée à cause d'un surplus de fatigue et des quelques blessures, nous nous retrouvons au bar dès 7 h 00, en ce matin du 7 avril, pour le déjeuner. Celui-ci est déjà rempli de camionneurs qui s'y arrêtent avant de commencer la journée. Tout en mangeant nos *tostadas*, nous revoyons ensemble le plan de la journée. Nous allons poursuivre sur une ancienne route qui rejoint le *camino*. Pour aucune considération nous ne voulons fouler le chemin qui nous a causé tant de problèmes la veille.

Les premiers kilomètres ne se font pas sans peine. Nos pieds et nos jambes protestent, le long parcours d'hier pèse lourd sur nos corps fatigués. Après cinq kilomètres, nous retrouvons le *camino*, qui chemine le long de cette route asphaltée. Nous tentons de l'emprunter, mais après quelques centaines de mètres, une rivière en crue nous oblige à remonter sur le chemin. Puis, des travaux pour la construction d'un oléoduc ont chamboulé le sentier, nous empêchant de le reprendre.

Cette route peu fréquentée nous conduit à un carrefour où la N-630 et la nouvelle *Autovia 66,* encore en construction, se croisent. Les travaux récents ont fait disparaître la signalisation routière et le fléchage du *camino.* En essayant de trouver notre chemin à travers ces voies qui se mêlent, nous apercevons un bar. Une dame très accueillante nous offre le café, nous explique le chemin et fait quelques pas avec nous jusqu'à ce que nous soyons sûrs de la bonne direction à prendre. Les quatre derniers kilomètres nous réconcilient définitivement avec le *camino* : une *calzada* sèche et rectiligne nous amène directement au cœur de *Aldeanueva del Camino.*

Dans un village, trouver la clé du gîte, c'est un peu comme chercher une aiguille dans une botte de foin. Il faut tâter ici et là, ouvrir grand les yeux et prêter l'oreille à tout ce que disent les gens. Nous avançons néanmoins vers notre but. Nous traversons d'abord le village de bout en bout, cueillant quelques renseignements au passage. Mais rien ne retient notre attention. Nous revenons sur nos pas en interrogeant d'autres personnes, jusqu'à ce que nous tombions sur la responsable du gîte. Cette jeune fille, qui travaille comme animatrice à la mairie, s'empresse de venir nous montrer notre *albergue*, nous explique où nous pouvons trouver à manger et nous invite à jeter un coup d'œil sur les deux *azulejos* qui concernent les pèlerins. Le premier, fixé à une vieille demeure, se trouve à l'entrée du village. Le second, près du pont romain, sur les bords de la rivière *Buitrera*. Ces deux tableaux en céramique, qui illustrent les principales étapes de la *Via de la Plata,* sont absolument remarquables. On y voit, dessinés sur la tuile, les monuments les plus connus du chemin romain, celui qui allait de *Emerita* (*Mérida*) à *Astorica* (*Astorga*). Ces *azulejos*, que nous avons pris en photo, demeureront parmi les plus beaux souvenirs de notre pèlerinage.

Le village, un ancien poste de relais de la *calzada*, possède aujourd'hui peu de ressources et nous devons chercher un restaurant à la périphérie, sur le bord de la N-630. Par contre, le gîte est fort accueillant avec ses quatre lits, sa douche à l'eau chaude et l'espace devant la porte pour étendre nos nippes au soleil. Vers 19 h 00, toute une surprise. Le pèlerin italien avec qui nous avions dîné à *Mérida* arrive avec son compagnon de route. Ils viennent occuper les deux autres lits disponibles. Malgré la fatigue ressentie après avoir parcouru les trente-huit kilomètres qui nous séparent de *Carcaboso*, cet aimable descendant de César accepte de venir souper avec nous. Cet homme charmant, au verbe très coloré, gesticule à la mode italienne et possède une faconde qui nous émerveille. Devant des hommes plutôt silencieux comme nous, il a tout le loisir de laisser cavaler son verbe. Tout en mangeant et en buvant, il nous explique que sa maladie le porte à tout accomplir rapidement. Même ce chemin qui mérite que l'on s'y arrête, que l'on s'attarde dans ses villages, il le parcourt à la course comme un cheval débridé. Durant le repas, à peine avons-nous pris quelques bouchées que son assiette se retrouve vide. Heureusement, son médecin lui a interdit le vin. Nous pouvons donc déguster notre *vino de la tierra* en toute sérénité. Sans doute parce qu'il nous a fait rire et sourire, nous gardons de cet Italien volubile un agréable souvenir.

Au petit matin, dès 5 h 00, nous entendons les Italiens fouiller dans leurs effets, ce qui nous indique qu'ils se préparent à partir. Malgré leurs efforts, ils font plus de bruit qu'ils le voudraient, et par discrétion, je fais semblant de dormir, mais leurs « *mama mia* » m'arrachent quelques rires que j'étouffe dans mon sac de couchage. Après une bouchée vite avalée, ils partent à bride abattue vers un ailleurs toujours plus éloigné. Sans aucun doute, nous le savons bien, ils disparaissent de notre vue à tout jamais.

Après leur départ, le sommeil tarde à revenir. Roger allume sa lampe de poche, inutile de faire des efforts pour dormir. Nous prenons notre déjeuner sans nous presser, car une belle montée nous attend. Pour atteindre *Baños de Montemayor*, la prochaine ville, nous devons parcourir dix kilomètres avec un dénivelé de plus de quatre cents mètres. Comme tous les matins, mon genou n'apprécie pas vraiment les départs. Il lui faut trois ou quatre kilomètres pour fonctionner sans trop de difficulté. Nous empruntons l'ancienne route asphaltée du côté droit du grand réservoir de *Baños*, alors que la N-630 et *l'Autovia 66* passent du côté gauche. Notre chemin, construit sur l'ancienne *calzada*, suit un tracé régulier et nous amène directement au cœur de la ville balnéaire.

La ville de *Baños de Montemayor,* construite au creux d'une vallée, sur le flanc abrupt d'une montagne, était célèbre dès l'époque romaine pour ses bains publics. Les vétérans de l'armée de l'empereur Auguste, qui s'étaient installés à *Mérida*, y venaient soigner leurs blessures de guerre. De plus, cette ville est située à un endroit stratégique : l'entrée de la *calzada de Béjar*, que les Espagnols appellent aujourd'hui le corridor de *Béjar*. Les ingénieurs romains avaient trouvé le meilleur endroit, c'est-à-dire le moins élevé, pour traverser la *Sierra de Gredos* et relier sans trop de difficulté la province de *Cáceres* et celle de *Salamanca*. Même si aujourd'hui les voies rapides passent à l'extérieur de la ville dans des tunnels, le *camino* suit exactement le tracé de l'antique *calzada* et chemine dans le corridor étroit aménagé par les Romains.

Arrivés au sommet de la montagne, à *Puerto de Béjar*, nous quittons la province de *Cáceres* pour entrer dans celle de *Salamanca*.

Salamanca

Dès que nous entrons dans la province de Salamanca, la signalisation du *camino* varie légèrement. Les flèches jaunes sont plus fréquentes et ne laissent place à aucune confusion. Par contre, nous ne verrons plus le petit carré de granit sur lequel était gravé le dessin de *l'Arco de Cáparra*, carré que nous pouvions apercevoir à chaque carrefour en Estrémadure.

Les douze kilomètres entre *Puerto de Béjar* et *Calzada de Béjar* suivent une trajectoire simple : nous descendons au fond d'une profonde vallée jusqu'à la rivière *Cuerpo de Hombre*, que nous traversons sur un pont romain à *Magdalena*. Près du cours d'eau, nous apercevons le *Miliario,* ancienne borne routière de l'époque romaine : une colonne ronde de deux mètres de hauteur qui ressemble à celles que nous retrouvons à la devanture des temples latins. Puis, nous suivons la rivière sur quatre kilomètres avant de remonter sur la montagne et d'entrer à *Calzada de* Béjar. La région est aride et désertique, sauf au fond de la vallée, et le *camino* doit se frayer un chemin entre des arbustes rabougris et des monceaux de roches. Les vents d'ouest qui arrivent de la plaine de la Castille frappent de plein fouet ces premières montagnes à lui faire face.

Ce village, qui a pris le nom du chemin, (*Calzada de Béjar*), est probablement le plus pauvre que nous ayons rencontré, mais n'est pas le moins hospitalier. Loin de là. Dès que nous arrivons au sommet, nous débouchons immédiatement sur la place principale. De vieilles maisons, construites au Moyen Âge autour de ce poste de relais, ont conservé leur charme d'antan. Même si les poutres de bois ont subi les affres du temps et même si le torchis vieillit mal, ces balcons qui s'avancent vers la *Plaza Mayor* comme autant de mains ouvertes donnent une impression de convivialité. À notre arrivée, des enfants, reconnaissant sans doute en nous des pèlerins, viennent à notre rencontre et nous indiquent la route à suivre pour nous rendre chez monsieur le maire. Auparavant, nous nous arrêtons à la *Casa rural* pour nous enquérir des ressources du village. La jeune dame nous reçoit avec retenue et nous confirme que les deux maisons d'hébergement sont complètes, qu'il est impossible de nous accueillir. Devant notre déception, se ravisant, elle nous invite à la suivre. En route, elle nous raconte que, depuis cinq ans, elle rêve d'accueillir des pèlerins, que le village a décidé d'aménager un *albergue* et qu'il va ouvrir ses portes demain.

Nous arrivons devant un bâtiment nouveau, un véritable chantier de construction où plusieurs personnes s'affairent. Elle nous demande d'attendre et s'en va engager la discussion avec les personnes présentes. Au bout de quelques minutes, elle nous revient toute souriante : nous allons inaugurer le nouvel *albergue* dès aujourd'hui. Pendant que le maçon nettoie sa truelle et que le peintre lave ses pinceaux, un vieux monsieur passe le balai, deux jeunes filles font les lits et une jeune dame fait briller toilette et lavabo. Nous saluons les personnes qui quittent les lieux les unes après les autres. Quand nous nous retrouvons seuls, la dame nous fait visiter l'endroit et nous explique le fonctionnement de l'établissement. Malheureusement, une petite fenêtre mal ajustée par où un fort vent glacial s'engouffre ne ferme pas. Elle ramasse les pantalons que le peintre et le maçon ont laissés sur place et bouche hermétiquement la fenêtre.

Après son départ, nous nous installons lentement dans ce magnifique *albergue* tout neuf, attendant que l'eau se réchauffe pour prendre une douche. Une heure plus tard, la jeune dame revient nous voir pour connaître notre degré de satisfaction. Rien à redire sur le local en lui-même, mais n'ayant pas de chauffage, avec ce vent du nord qui souffle dehors, nous grelottons à l'intérieur. Une demi-heure plus tard, elle arrive avec une brouette remplie de bois. Elle essaie en vain d'allumer le foyer, les pièces plutôt humides lui tiennent tête. Très déçue, elle nous dit que son mari va venir allumer le feu au retour de son travail. La dame partie, le coureur des bois et le guide de montagne se mettent à l'œuvre et bientôt, une belle flamme s'élève dans le foyer. Au cours de la soirée, le foyer va consumer les quartiers de bois et nous assurer une douce chaleur. Au matin, quelques tisons veilleront encore sur notre bien-être.

À l'heure du souper, nous nous rendons au seul bar du village. Le gérant étend une serviette de papier sur une table dans un coin : nous sommes les seuls clients à s'apprêter à manger. Comme il arrive souvent dans ces occasions, nous acceptons ce qu'il nous offre. Une soupe aux légumes bien chaude et des côtelettes de cochon sombres nous conviennent parfaitement, d'autant plus que le vin ne manque pas de velouté. Nous retournons au gîte, heureux comme des moines, avec notre *bocadillo* et des petits gâteaux pour le lendemain. Un bon feu nous attend. Les pèlerins qui passeront par *Calzada de Béjar*, pourrons aller dire un gros merci de notre part à la gérante de la *Casa rural*, car cette dame a tout fait pour rendre notre séjour agréable.

En sortant de l'*albergue*, en ce Vendredi saint, 9 avril, nous avons une drôle de surprise : au cours de la nuit, le temps s'est refroidi considérablement et une bonne couche de glace recouvre les flaques d'eau. Comme mes gants sont au fond de mon sac, je mets les mains dans mes poches pour atténuer le froid. Mais au sortir du village, le vent balaie la montagne et nous gèle les oreilles. Roger, parti devant à vive allure, marche à grands pas pour se réchauffer. Pour moi, c'en est trop. Près du vieux camp romain, à quelques centaines de mètres du village, je laisse tomber mon sac, sors mes gants et met mon capuchon pour couper l'air froid. Dans la campagne, le givre s'est répandu sur l'herbe verte et blanchit le plateau. Nous sommes à plus de huit cents mètres d'altitude et nous en ressentons les conséquences. Ce chemin rural très droit et surélevé ne laisse aucun doute sur son origine. Ce village porte bien son nom. Pendant dix kilomètres, nous progressons face au vent froid sur un haut plateau aride et désertique sans voir âme qui vive. Aucun arbre n'a résisté à la cruauté de la nature, seules quelques pierres ici et là rompent la monotonie de cette surface plane. Quand nous arrivons à *Valverde de Valdelacasa*, caché au fond d'une vallée, nous cherchons un endroit pour manger nos gâteaux loin du vent. Aucun bar. Aucun abri. Finalement, le portique de l'église de *Santiago* va nous servir de refuge. Roger, qui a suffisamment gelé depuis son départ, décide de mettre ses pantalons longs. Une première, pour lui qui aime marcher en *shorts*.

Après notre collation, nous commençons une montée vers un deuxième plateau, cent mètres plus haut, une pente régulière continue sur un beau chemin. Dès 11 h 00, nous atteignons *Valdelacasa*, le village au sommet de la colline. Un abribus pourrait nous protéger du vent, mais des vandales l'ont saccagé et ont répandu du fumier sur les bancs. Huit kilomètres nous séparent de *Fuenterroble de Salvatierra* et de l'*albergue* du *Padre Blas* où nous nous proposons d'aller dormir. Un agréable sentier serpente à travers le plateau, mais nulle place pour se mettre à l'abri du vent afin de manger notre *bocadillo*. Finalement, nous le consommerons rendus au gîte.

Nous espérions depuis longtemps notre visite à l'*albergue* du père *Blas Rodriguez Boyero*, mieux connu sous le nom du *Padre Blas*. Cet homme, membre actif de l'association de *Los Amigos de Sevilla*, est l'un des principaux promoteurs de la *Via de la Plata*. Animateur de premier plan, il a non seulement fait beaucoup pour accueillir les pèlerins dans son gîte, mais surtout, depuis une dizaine d'années, il travaille régulièrement à améliorer ce chemin pour en faire une voie semblable à celle du *Camino francés* quant à l'accueil et au fléchage. Pour donner un centre à ce chemin, il a fait installer une croix au bout d'un long poteau métallique sur le sommet le plus élevé du chemin, le *Pico Dueña*. De fait, cette colline se trouve à peu près à égale distance de Séville et de *Santiago*.

Malheureusement, nous arrivons à un mauvais moment pour rencontrer le *Padre*. Nous sommes au début de l'après-midi du Vendredi saint et le père prépare les cérémonies du jour avec des personnes qui sont venues des quatre coins de l'Espagne pour les fêtes religieuses. Quand nous entrons dans le gîte, c'est la cour du roi Pétaud. Parmi les groupes de jeunes qui s'agitent et courent dans toutes les directions, chacun la cigarette au bec, il est difficile de se frayer un chemin. Finalement, une jeune fille, légèrement plus âgée que les autres, nous enregistre, reçoit nos euros et nous conduit à un dortoir pour quatorze personnes. Le gîte est déjà rempli à quatre-vingts pour cent, et il sera complet avant le début des cérémonies de 17 h 00. Roger croise le *Padre Blas* dans un corridor, ce dernier lui dit que nous devons nous débrouiller seuls, que nous pourrons trouver à manger au bar *Mahou*.

En cette journée de vent violent et glacial, nous grelottons dans cette grande maison divisée en cinq ou six dortoirs où des jeunes circulent sans arrêt, oubliant de fermer les portes. De plus, sur ce plateau désertique, l'approvisionnement en eau potable demeure un problème permanent. Mais aujourd'hui, avec l'affluence de visiteurs, il faut compter les gouttes. Donc, pas de douche. Même la chasse d'eau ne fonctionne qu'une fois sur cinq.

Comme la maison se remplit, il est difficile de chercher refuge ailleurs que sur notre matelas. Dès 16 h 00, notre dortoir affiche complet. *Javier*, un jeune étudiant de *Alicante* que nous avons rencontré à quelques reprises au cours de la journée et avec qui nous avons toujours parlé en espagnol, voudrait bien nous dire qu'il connaît quelques mots de français. En se jetant sur son lit, épuisé, il nous déclare avec naïveté : « Je suis *totalmente* impuissant! » Rosalia, une jeune étudiante de l'université de *Bilbao*, qui arrive parmi les derniers, doit se contenter des matelas disponibles. Elle couchera à mes côtés, seule femme dans ce dortoir d'hommes. Avant de faire la sieste, nous échangeons de l'information sur nos parcours respectifs. Elle me raconte que l'an dernier, elle avait commencé ce chemin avec un groupe à bicyclette, mais que chacun recherchait la vitesse. Elle était tombée et s'était fracturée le fémur. Cette année, elle revenait terminer son chemin à pied. Étudiante en maîtrise en éducation, elle avait décidé de laisser sa place à la bibliothèque qui se remplissait à pleine capacité en cette période de l'année. Elle préférait continuer la rédaction de sa thèse au cours de l'été, les locaux seront plus faciles d'accès.

À l'heure du souper, les deux bars du village débordent de visiteurs. Pendant que nous mangeons, toutes les tables étant remplies, bon nombre de personnes attendent pour le deuxième service. Le repas terminé, nos *bocadillos* en mains, nous regagnons le dortoir frigorifié avant de nous glisser dans nos momies, espérant trouver suffisamment de chaleur pour dormir.

Après une nuit de sommeil en dents de scie, rangés comme des sardines, souvent dérangés par des personnes qui traversent notre dortoir, nous nous levons dès que quelques Espagnols âgés commencent à jouer avec leur sac. Je ramasse mes effets et m'aide de ma lampe de poche en essayant de faire le moins de bruit possible. *Rosalia,* qui ne dort pas, sort une main chaude de son sac de couchage et nous nous souhaitons « *Buen Camino* ». Je ne la reverrai plus. Roger et moi mangeons nos gâteaux rapidement dans la salle commune et nous sortons affronter le vent glacial. Cette fois, nous sommes habillés pour aller au pôle Nord. Les pare-brise des voitures sont couverts de givre et la campagne a étendu son tapis blanc pour nous accueillir. Il n'a jamais fait aussi froid et nous nous préparons à monter sur le *Pico Dueña*, le sommet le plus élevé de la *Via de la Plata*.

À la sortie du village, nous retrouvons la *calzada romana* pour treize kilomètres jusqu'à la petite agglomération de *Navarredonda de Salvatierra*. Le vent n'a nullement diminué depuis hier et ses bourrasques nous bousculent constamment, nous faisant dévier de notre route. Nous marchons un peu penchés vers l'avant, affrontant le vent avec courage. Mais cet effort continu épuise nos forces. Nous devons faire des arrêts plus souvent. À peine sommes-nous assis que déjà nous préférons repartir pour nous tenir réchauffés, le vent ne nous laissant pas de répit. Vers 9 h 30, nous quittons la *calzada* pour entreprendre la montée abrupte vers le *pico*. Deux excellents kilomètres de réchauffement intense sur un sentier de moutons, à travers des roches et des arbustes. De quoi faire digérer bien des petits déjeuners! Le pied de la *Cruz de Santiago* est inaccessible au marcheur pour deux raisons : la croix est installée sur une falaise qui monte verticalement, puis une clôture de barbelés entoure le site pour protéger, paraît-il, les antennes de transmission qui voisinent la croix de saint Jacques. Nous prenons chacun une photo et Roger me glisse à l'oreille en se frottant les mains : « On ne s'attarde pas davantage! » Un vent à écorner les belles vaches espagnoles souffle de la plaine de Castille, en bas, nous obligeant à accélérer le pas dans la descente. Cette fois, aucun doute possible : les vastes prairies s'ouvrent définitivement devant nous. Finis les montagnes, les sentiers tortueux, les roches qui roulent, et quoi encore? Vive la plaine, les grands espaces, la solitude sans aucune limite!

Vers midi, tout de suite après *l'Arroyo de los Mendigos* (le ruisseau des Mendiants), nous longeons une grande ferme isolée. Près d'un vaste bâtiment, un banc nous permet de nous asseoir pour manger notre *bocadillo* à l'abri du vent. Le repas terminé, alors que je nous crois seuls, je m'apprête à satisfaire quelques besoins personnels. J'entends alors une sonnerie de téléphone et la voix d'une jeune femme. Je décide de remettre la besogne à plus tard, dans un endroit plus isolé. Nous reprenons alors une belle route droite, la *calzada*, jusqu'à un kilomètre de *San Pedro de Rozados*.

Pour se rendre au village, nous devons sortir du *camino,* prendre un chemin agricole qui nous conduit directement à la place centrale. Un seul bar, rempli à pleine capacité, sert de refuge aux visiteurs de cette petite agglomération. Difficile, dans cet espace restreint, de trouver un coin pour déposer nos sacs. Nous nous informons auprès des personnes présentes, et toutes sont unanimes : il n'y a aucun logement disponible dans le village. Dans ce local enfumé où les hommes crient à tue-tête pour se faire comprendre, jettent leurs mégots et leurs papiers mouchoirs par terre et jouent aux cartes en frappant sur les tables à coups de poing, nous réussissons non sans mal à nous faire servir une bière. Après trente kilomètres à marcher contre ce vent glacial, la *cerveza Mahou* possède une saveur agréable. Une petite fille, qui se faufile à travers les clients, nous salue au passage et va chercher sa mère. *Maria Carmen Iglésias* s'approche de nous, l'air dépité : « En ce samedi saint, tout est complet. Il ne reste plus aucune place. Mon fils va aller vous montrer l'école primaire abandonnée. »

L'adolescent un peu grassouillet enfourche son vélo et démarre à travers des ruelles, en faisant des zigzags pour ralentir sa course. Il s'arrête devant un édifice plutôt décrépi, abandonné depuis des années. La porte est appuyée contre un mur à l'entrée. Le problème de la clé ne se pose donc pas. Il nous montre la salle de classe où quelques matelas de gymnastique sont superposés dans un coin. On y retrouve aussi une toilette qui fonctionne et un évier en partie brisé. La douche a déjà existé, mais des vandales lui ont réglé son compte. De toute façon, avec ce froid glacial, dans cet édifice sans chauffage, nous sommes prêts à tolérer ce manque de civisme. En nous quittant, il nous dit que nous pouvons venir souper au bar, que sa tante fait à manger.

Notre première opération consiste à tenter de coincer la porte, qui n'a plus de charnière. Le vent du nord s'engouffre dans ce trou béant, laissant libre cours au froid intense qui sévit à l'extérieur. Je fais un peu de lessive pour me donner bonne conscience, sachant fort bien que les vêtements vont geler plutôt que sécher. Après avoir fait le tour du vieil édifice, je ramasse quelques bouts de vieilles planches laissés à l'abandon pour alimenter notre petite fournaise. Dans un coin, une chaudière surmontée d'un tuyau peut faire office de poêle. À l'aide de vieilles feuilles de papier chiffonnées trouvées dans des armoires, nous effectuons un essai. Dès que la flamme apparaît, le trou de la chaudière, plus grand que le tuyau, laisse échapper une fumée noire qui remplit la salle de classe en quelques minutes. Nous devons sortir d'urgence pour ne pas être asphyxiés et nous courrons au bar afin d'aller y nettoyer nos poumons.

Quand nous revenons à l'école, une heure plus tard, le feu s'est éteint, mais nos vêtements vont sentir la fumée durant plusieurs jours.

À notre retour au bar *El Moreno* pour souper, vers 20 h 30, les joueurs de cartes s'apprêtent à regagner leur chaumière et les derniers buveurs vident leur verre. Le patron, complètement saoul, continue de crier fort, inutilement, car le bruit a passablement diminué dans son établissement. Le plancher est jonché de détritus, mais nous préférons porter notre regard vers la soupe chaude que nous apporte la sœur de *Maria Carmen*. Le repas, tout à fait correct, va se terminer dans la solitude et le silence, les gens de la place ayant quitté les lieux. Le patron, la figure rouge et les jambes vacillantes, rentre dans ses appartements pour cuver son vin. À la fin du repas, *Maria Carmen* sort son grand *Livre des pèlerins* et nous invite à écrire un court texte. Puis, elle s'assoit derrière le comptoir et feuillette devant nous cet ouvrage qui contient les signatures des pèlerins qui sont passés chez elle depuis dix ans. Un véritable livre d'histoires. Cette dame, belle et dynamique, très estimée des pèlerins, demeure la ressource incontournable du village.

Nous retournons à l'école abandonnée, nos lampes de poche en main, car l'éclairage des ruelles est nettement déficient. Avant d'entrer dans son sac de couchage, Roger déniche dans une armoire une large pièce de tissu qui devait servir de tenture pour les fenêtres. Il l'enroule autour de son sac, espérant se garder au chaud. Quant à moi, ma minuscule momie devrait suffire. Je la ferme complètement, laissant seulement le bout de mon nez à l'air libre. La nuit sera difficile : le vent qui hurle dehors, l'odeur de fumée qui a envahi le local et ce froid qui perdure.

Je me lève, fiévreux, avec un vilain mal de tête. Ma première préoccupation est de savoir si l'eau n'a pas gelé dans les toilettes. Heureusement, non! La chasse d'eau fonctionne normalement. Après avoir rempli mon sac, je tente en vain de prendre une bouchée, rien ne veut passer. Je range mon déjeuner avec l'espoir de le manger plus tard. Nous avons l'habitude d'aller rendre la clé du gîte à la personne responsable avant de partir, mais cette fois, c'est la porte que nous replaçons afin que les chiens errants ne viennent pas abîmer ce qui reste de ce toit peu hospitalier. Nous devons rejoindre le *camino* par la route qui nous a menés ici et reprendre ce chemin asphalté jusqu'à *Morille*, quatre kilomètres plus loin. Normalement, la descente vers *Salamanca* se fait dans la douceur, mais ce matin, malgré le soleil, le vent fort de l'ouest forme un mur contre lequel nous devons constamment nous battre. Les bourrasques des montagnes ont disparu pour laisser place à un souffle puissant et continu. Chaudement vêtus, nous progressons à grands pas. À 8 h 00 en ce matin de Pâques, au moment où nous traversons *Morille*, le village dort encore à poings fermés. Nous échangeons quelques salutations avec un berger dont le troupeau de moutons s'engage sur la rue principale au nord du village. Il nous souhaite un « Buen Camino » vers la ville la plus froide de la Castille, selon ses propos, *Salamanca*. Nous poursuivons sur de beaux et larges chemins de terre, en pleine campagne. De jolis ponts nous permettent d'enjamber des rivières en toute allégresse. Vers 9 h 30, au sommet d'une colline, nous apercevons pour la première fois *Salamanca*. Il reste encore vingt kilomètres à parcourir.

Dépassé *Miranda de Azán*, le sentier serpente au gré des divisions des terres agricoles, tournant à droite, à gauche, sans donner l'impression d'avancer. Puis, nous atteignons une dernière colline où une faille entre des roches a créé des tranchées à l'abri du vent. Nous en profitons pour manger nos *bocadillos* et reprendre des forces pour les dix kilomètres qui précèdent *Salamanca*. Comme dans toutes les grandes villes, nous entrons par le quartier industriel, en banlieue. Les édifices en hauteur atténuent la force du vent, alors que nous nous approchons en douceur du *Rio Tormes* et du célèbre pont romain qui le traverse.

Ce pont, que l'on retrouve sur les affiches publicitaires pour faire connaître *Salamanca* et la Castille, fut construit avant la ville. À l'arrivée des Romains, un peuple indigène, les Vétons, vivait sur les bords du *Rio Tormes*. Ils le traversaient en canot. Les ingénieurs romains, pensant que l'Empire allait durer toujours, conçurent un ouvrage gigantesque pour l'époque : un pont avec cinq grands arches, fait en blocs de granit. Une œuvre qui devait résister à l'usure du temps. Pour protéger ce pont, ils construisirent un camp romain fortifié qu'ils nommèrent *Salmantice*. La présence des soldats rassura les marchands, qui vinrent s'établir autour du camp. Ainsi naquit la ville. En 1218, le roi *Alfonso IX* créa un collège que son successeur, *Alfonso X*, transforma en université. Des intellectuels accoururent des pays d'Europe pour écouter des éminents professeurs, dont plusieurs étaient d'origine arabe, et firent de *Salmantice* l'une des universités les plus célèbres du monde. Le nom de la ville se répandit dans les grandes capitales et se transforma en *Salamanca*, qui veut dire « grande salle ». Autrefois, l'université, c'était d'abord un vaste amphithéâtre où étudiants et professeurs se réunissaient pour exposer leurs découvertes scientifiques, partager leurs connaissances ou discuter philosophie.

La plupart des grands savants espagnols sont sortis de l'université de *Salamanca*, à commencer par le plus connu de tous : *Miguel de Cerventés*. Mais il faudrait aussi nommer *Fray Luis de León, Francisco de Vitoria, Miguel de Unamuno, Dorado Montero*, et combien d'autres. Au XIXe siècle, soixante pour cent de la population qui vivait à *Salamanca* entretenait un lien direct ou indirect avec l'université. Au fil des ans, d'autres pavillons se sont construits dans la ville, les anciens locaux étant trop exigus pour accueillir toute la population étudiante. Mais la réputation de l'université demeure et les étudiants occupent toujours une place prépondérante dans la ville.

Salamanca a joué un rôle essentiel quant au développement de la *Via de la Plata*. D'une part, une tradition qui remonte au Moyen Âge invitait chaque étudiant à faire un pèlerinage à *Santiago* au cours de son séjour dans la ville. Deux institutions, entre autres, favorisaient ce pèlerinage et accueillaient des pèlerins dans leurs murs : le couvent *San Vicente*, construit sur une colline à la périphérie de la ville, sous la direction des moines français de Cluny, et l'Ordre de *Santiago*, établi à proximité de la cathédrale, non loin du *Rio Tormes*.

Juste à l'entrée du pont romain, le coup d'œil sur la ville est absolument extraordinaire : les deux cathédrales jumelles, le clocher de l'université et les couvents qui les entourent. Peu de villes peuvent se vanter de posséder deux cathédrales. La plus vieille, une église consacrée à Marie, fut construite selon le style roman à partir de 1140. Malgré la beauté de sa structure et sa simplicité, elle fut considérée, par les autorités ecclésiastiques du XVe siècle, « petite, obscure et basse » pour la mode architecturale de l'époque et pour l'importance que *Salamanca* avait acquise. Ils commencèrent la construction d'un nouveau temple qui s'étira sur trois siècles. La Nouvelle Cathédrale devint une des plus belles manifestations du gothique en Espagne, à l'égal de celle de *Segovia*.

Dans la *Catedral Vieja*, on retrouve une peinture de la Vierge Marie qui est reproduite souvent en Espagne, Notre-Dame des Sept Douleurs. Marie, les yeux remplis de larmes qui perlent sur ses joues, s'avance vers nous avec six poignards plantés dans le cœur, un flot de sang coulant jusque sur le parquet. Malgré ce léger handicap, elle porte Jésus crucifié dans ses bras, un homme de soixante à soixante-dix kilos. C'est toute une leçon de puissance et de courage pour les pèlerines d'aujourd'hui qui se plaignent parfois de porter un sac de huit ou neuf kilos sur leurs épaules.

Derrière les deux cathédrales, il est possible d'apercevoir, du pont romain, le clocher de l'université, juste à gauche. L'édifice est imposant et occupe tout le côté d'une rue entière. Construit selon le style architectural des couvents et des monastères du Moyen Âge, il s'apparente plus à une église qu'à l'image que nous connaissons de nos universités modernes. Quelques centaines de mètres plus loin, nous entrons dans la *Plaza Mayor*, l'une des plus belles d'Espagne. Dessinée et commencée par le grand architecte du XVIIIe siècle, *Alberto de Churriguera*, cette place, pratiquement carrée, est entourée d'édifices à trois étages ornés de balcons en fer forgé et décorés de grands médaillons et d'alcôves bien agencées. La façade de la mairie représente le conseil qui a approuvé la construction de la place, tandis que de l'autre côté, lui faisant face, se trouvent les statues des grands hommes qui ont marqué l'histoire de l'Espagne : les rois, les découvreurs, les militaires célèbres et finalement, les écrivains, les penseurs et les humanistes. Cette *Plaza Mayor* est vraiment le cœur de la ville et les rues importantes convergent vers elle. Dès que le soleil baisse à l'horizon, elle se remplit de ses citoyens. Ils viennent marcher, échanger avec des amis ou s'imprégner de la vie de leur ville.

Après la traversée du pont, la montée vers la *Catedral Nueva*, nous passons d'abord par *l'Oficina de Turismo* afin de trouver un toit pour la nuit. La jeune fille nous conseille de nous diriger vers la rue *Meléndez*, juste derrière, où nous pourrons trouver quelque chose de convenable. Nous sonnons à *l'Hostal Las Vegas* et tout de suite un jeune homme vient ouvrir. Il nous offre une chambre au troisième étage, avec vue sur l'université, à un prix très modique. Malgré nos trente kilomètres, après la douche et la lessive, nous repartons pour visiter la ville. Nous sommes déjà venus à *Salamanca* et nous voulons revoir certains édifices qui nous tiennent à cœur. Après un plat mangé sur la terrasse d'un bar, nous décidons d'arpenter la ville, chacun de notre côté, avec promesse de nous retrouver sur la *Plaza Mayor* vers 19 h 30, dans un coin bien spécifique. Le centre de la vieille cité, déclaré patrimoine de l'humanité par l'UNESCO, mérite que l'on s'y attarde longuement. Rien de mieux que de flâner en toute tranquillité devant ces édifices qui se dévoilent à nos yeux. La ville m'apparaît plus belle, plus propre que celle que j'avais découverte en compagnie de mon épouse, en 1974. Les gens, peu stressés, déambulent lentement, se laissant porter par l'ambiance sympathique des lieux. Nous nous retrouvons à l'heure dite devant une bière, satisfaits de notre visite. Peu après vingt heures, nous descendons dans une cave, vers un restaurant italien très chaleureux pour mettre fin à une journée splendide. Le début de grippe, ressenti ce matin, s'est envolé comme par enchantement.

Lundi, au moment où nous quittons *Samalanca*, le soleil éclaire à peine le toit des édifices. J'en profite pour capter ce premier rayon qui illumine l'étage supérieur de la mairie sur la *Plaza Mayor.* Le sentier longe deux minuscules villages, *Aldeaseca de Armuña* et *Castellanos de Villaquera*, où aucun bar n'est ouvert. Nous arrivons finalement à *Calzada de Valdunciel*, autre petite agglomération, après un court quinze kilomètres. La dame du bar, qui s'intéresse grandement aux *peregrinos*, nous parle de la région et des pèlerins passés chez elle ce printemps. Puis, entre Elena, la responsable du gîte, accompagnée d'une amie, pour prendre elle aussi un café. Après les présentations, la conversation continue à quatre jusqu'à ce que la jeune dame vienne nous montrer *l'albergue municipal* : un magnifique petit gîte de quatre lits. L'eau met un peu de temps à devenir chaude, mais le local est propre et bien entretenu. Cependant, le village, sans grandes ressources, n'offre pas à manger. Nous devons nous rendre jusqu'à la N-630, un kilomètre plus loin, où trois salles à manger accueillent les visiteurs. En ce lundi saint, deux restaurants ferment leurs portes à 17 h 00. Heureusement, le troisième s'engage à nous offrir le souper. En cette journée de calme, de repos et de soleil, nous en profitons pour faire la grande lessive, relaxer et mettre à jour nos notes personnelles.

Au cours de l'après-midi, une vieille dame frappe à la porte du gîte. Elle cherche la responsable. Nous lui donnons l'adresse inscrite sur le registre. Elle nous informe qu'elle accueille des pèlerins dans sa maison du village voisin et nous invite à venir chez elle, le lendemain. Son offre nous convient parfaitement, car nous n'avions aucun gîte indiqué pour ce bourg. Nous ne manquerons pas, en entrant dans le patelin, de rechercher *la casa de Carmen*, car elle ne nous a pas laissé d'adresse plus précise.

Comme prévu, nous allons souper à la *Mesón Joaquin*, sur la N-630. Le patron, à qui nous avions dit à l'heure du dîner que nous étions des pèlerins et que nous cherchions un endroit pour souper, nous reconnaît dès l'entrée, vient à notre table, s'informe de notre origine et de notre chemin. Il promet alors de nous préparer un mets typique de la région : un mélange de cochon noir et de lapin, mariné dans le vin du pays. Ce qu'il prépare sans plus tarder, même si nous sommes les seules personnes à manger. Il accompagne ce repas d'un excellent *vino de la tierra*. Au moment de l'addition, il apporte deux *bocadillos*. « Un cadeau de la maison », s'empresse-t-il d'ajouter. Nous gardons le meilleur souvenir de ce magnifique petit village.

Zamora

Ce matin, nous partons en toute confiance, sachant que grand-maman *Carmen* nous attend chez-elle pour souper et dormir. Pour les vingt prochains kilomètres, nous marchons le long de la N-630, au cœur de la plaine de la Castille, où les champs de blé s'étendent à perte de vue, sans qu'il y ait nulle part une seule habitation. Si parfois nous voyons ici et là un bâtiment, il s'agit bien d'un garage ou d'un entrepôt, soit pour ranger de la machinerie agricole, soit pour entreposer le grain. Les fermiers laissent les tracteurs dans les champs, viennent travailler avec de vieux véhicules et retournent au village pour manger et dormir. Ces hommes, des travailleurs agricoles à la solde de grands propriétaires, gagnent durement leur vie. Ceux qui connaissent l'histoire de l'Espagne savent qu'à la fin de la guerre civile, le général Franco, pour remercier ses soldats d'avoir tué trois millions d'Espagnols, leur a distribué des terres fertiles, à l'exemple des consuls romains après une conquête. Aujourd'hui, les descendants de ces colonels viennent parfois sur leurs propriétés en souliers cirés, disent quelques mots au gérant et s'empressent de retourner à la ville, de rencontrer un cireur de souliers qui va leur enlever la poussière provenant de leurs terres, qui pourtant les font vivre richement.

Tout l'avant-midi, le *camino* suit la route de très près et même, à un certain moment, nous devons revenir marcher sur l'accotement. Un fermier distrait a labouré ses champs, et le sentier aussi.

Nous arrivons à *El Cubo de la Tierra del Vino* vers 12 h 30. À la première dame rencontrée, nous demandons où se trouve la *Casa de Carmen*. La maison semble bien connue, car sans aucune hésitation, la dame, qui est en train d'étendre sa lessive, vient nous montrer la demeure en question. Pas facile de reconnaître la bonne porte pour entrer : toutes les maisons sont liées entre elles, sans numéro pour les identifier, de telle sorte qu'il n'est jamais possible de savoir où, précisément, commence et se termine la propriété individuelle. Une belle-fille vient nous ouvrir la porte et *Carmen* surgit juste derrière elle. Nous reconnaissant, elle nous conduit tout de suite à notre chambre. Après un brin de toilette, nous sommes servis par *Carmen* : une soupe paysanne fait office de dîner.

En après-midi, nous faisons le tour du village à deux ou trois reprises, car aucune autre activité ne nous retient. Au cours de ma promenade, j'aperçois la camionnette de la compagnie *Telefonica* près d'une cabine téléphonique. Un technicien est en train de réparer l'appareil. Je m'approche en douceur et je lui explique que depuis mon départ, j'essaie en vain d'appeler au Canada et que la communication est impossible. Il me demande d'attendre une minute qu'il ait terminé. Dès qu'il se rend compte que le système est rétabli, il se tourne vers moi : « Essayons pour voir. » Je lui prête ma carte et lui donne le numéro de téléphone. Dès qu'il a terminé de composer le numéro, une tonalité se fait entendre et Micheline vient répondre. C'est la première fois que je réussis à appeler au Canada. Il m'explique alors que le téléphone fixe coûte très cher à la compagnie, que la loi oblige à maintenir une cabine téléphonique dans chaque village, mais que les gens de la place les brisent continuellement. Qu'il vaut mieux faire comme tout le monde : utiliser un téléphone cellulaire. Je le remercie pour sa gentillesse et deux jours plus tard, à la sortie de *Zamora,* j'aurai l'occasion de le revoir. Il ne m'aura pas oublié et me fera alors un large sourire et un au revoir de la main.

En soirée, autour de la table familiale, nous apprenons à connaître ces gens. *Carmen* vit dans cette grande maison avec son mari, ses deux garçons, ses deux belles-filles et une petite fille de huit ans. En plus de nous deux, un couple de pèlerins d'*Alicante* occupe une chambre dans la maison. Nous les reverrons le lendemain sur le chemin. Pendant que *Carmen* s'affaire à la cuisine, le mari nous explique que la coutume en Castille fait en sorte que les familles réunies vivent sous le même toit, souvent trois ou quatre générations. Les hommes travaillent sur les terres du propriétaire, tandis que les femmes restent à la maison et s'occupent des tâches ménagères et des enfants. Les rôles ont été définis depuis des siècles et la tradition se perpétue. Ici, seules les saisons changent un peu la monotonie de la vie.

Dès 6 h 30, *Carmen* se lève pour nous préparer un déjeuner très copieux. Nous voulons partir tôt, car trente-trois kilomètres nous séparent de *Zamora*. À la sortie de la maison, le froid nous saisit. Les dernières étoiles entrent au bercail, alors que sur le sol, le givre blanc couvre les champs de blé encore en jachère. La buée jaillit de nos poumons, forme de jolis filets qui s'envolent vers le ciel bleu. Pendant cinq kilomètres, dans la grande paix du matin, nous suivons un sentier le long d'une voie ferrée abandonnée. Puis, le *camino* tourne à gauche vers les terres cultivées et nous descendons lentement vers le fond de la vallée du *Douro*, le fleuve qui coule vers *Porto*, au Portugal, où il se jette dans l'Atlantique. Sur ce sentier calme et reposant, deux Italiens nous dépassent à grandes enjambées. Ils nous envoient la main et un « *bello giorno* », *mezzo forte*. À voir leur allure fière et déterminée, ce sont des centurions. Pendant que nous dégustons nos petits gâteaux, le couple d'Espagnols nous dépasse, celui qui a dormi dans la *casa de Carmen* comme nous, de même que deux autres Espagnols qui marchent en solitaires.

En traversant le village de *Villanueva de Campeán*, nous pouvons voir toute l'importance que ses habitants donnent à la *Via de la Plata* : quatre stèles servent de fléchage pour traverser le village et un magnifique *azulejo* illustre les grandes étapes du chemin. Nous aimerions nous arrêter pour un café, mais nous ne voyons aucun bar. Nous demandons à quelques personnes âgées dans un parc, mais leurs renseignements contradictoires nous laissent méfiants. Devant notre doute, une vieille dame toute courbée nous conduit lentement vers une porte de la mairie où des travaux, qui vont commencer bientôt, feront place à un *albergue*. La dame qui nous reçoit à l'intérieur nous prépare un café avec de petits gâteaux, nous explique qu'un gîte va s'ouvrir dans ces locaux prêtés par la municipalité et que l'an prochain, les pèlerins pourront s'y arrêter en toute sérénité. Elle nous donne aussi de petits calendriers avec des adresses de sites Internet permettant de mieux connaître la région. Un petit village qui veut s'ouvrir sur le monde entier, nous dit-elle.

Le *camino* continue dans la campagne à travers un dédale de chemins ruraux. Nous devons être vigilants, car le sentier dévie continuellement au gré des divisions des terres. Vingt kilomètres en légère descente vers le *Rio Duero*. Nous nous approchons de *Zamora* par le quartier *San Frontis*, en longeant le fleuve, nous laissant tout le loisir d'admirer la ville, sur un promontoire, de l'autre côté du cours d'eau. L'ancien pont romain ayant été détruit par des crues un peu fortes et de multiples guerres, nous entrons par le pont médiéval, restauré à plusieurs reprises au cours des siècles.

À cause de sa position élevée, cette place forte a joué un rôle de premier plan dans l'histoire de l'Espagne. Qui maîtrisait cette colline maîtrisait la vallée de la *Duero* (en espagnol) ou *Douro* (en portugais). Le passé glorieux de la ville vient aussi des grands chefs militaires qui en sont issus. Le premier, *Viriate*, durant les années soixante av. J.-C., chef incontesté de hordes barbares incultes et désordonnées, a tenu tête aux légions romaines durant de nombreuses années. Autant à l'époque romaine que durant la domination arabe, cette vallée, montagneuse et peu facile d'accès, considérée comme rebelle, a conservé une certaine indépendance face aux régimes en place. Pour cette raison, les Romains, qui voulaient imposer la *Pax Romana* à tout l'univers connu, ont construit un camp fortifié sur cette colline.

La ville forteresse, poste charnière pour la vallée du *Duero,* fut l'enjeu de bien des guerres. D'abord prise par les Visigoths au quatrième siècle, elle tomba aux mains des Arabes en 714, qui la nommèrent *Samurah*. Conquise par le roi des Asturies en 893, elle fut rasée par le Cheik arabe *Al Mansur* en 996, qui se rendait à *Santiago* pour détruire la ville et mettre fin aux pèlerinages. Reprise par le roi *Alfonso I*, reconstruite par ses successeurs, elle devint la ville sainte, la ville où des princes de Castille et des Asturies furent sacrés rois. Parmi eux, le plus célèbre d'entre tous, *Rodrigo Diaz de Vivar*, mieux connu sous le nom de *El Cid Compeador*, reçut l'épée de chevalier de la main même du roi *Alfonso III*. Homme de guerre de grande valeur, conquérant exceptionnel, il se préoccupait de défendre les villes prises à l'ennemi, c'est pourquoi il fit ériger les murs qui entourent la place forte, murs encore intacts aujourd'hui.

Cette cité, considérée aujourd'hui comme une ville religieuse, reçoit durant la semaine sainte une foule de visiteurs qui remplissent les trente églises mises à leur disposition. Les processions de toutes sortes qui se déroulent durant ces jours sacrés relèvent de la tradition et du folklore. Ces cérémonies aux allures festives rappellent les journées de jeûne, de pénitence et de pardon des siècles passés et attirent une population venue de tous les coins du pays, de telle sorte que le pèlerin ne peut trouver une place pour se loger. Informés de la situation, nous sommes entrés dans la ville au cours de la semaine qui a suivi Pâques. Les planchers des bars avaient été nettoyés et le calme était revenu dans la ville.

Après la traversée du pont médiéval, à l'est de la vieille ville, nous revenons vers la place forte en suivant la rive nord du *Duero*, montant lentement sur la colline qui domine le fleuve. Cette pointe rocheuse, magnifiquement aménagée, est complètement occupée par de grands édifices : la cathédrale, le palais royal, le palais épiscopal, le château du prince *El Cid*, les églises *San Isodoro* et *Magdalena*, et finalement les jardins royaux qui longent la falaise. Après une courte visite, fatigués par nos trente kilomètres parcourus, nous cherchons un toit pour la nuit. *L'Oficina de Turismo* étant fermé, nous devons nous débrouiller seuls. En remontant la grande rue piétonne *Santa Clara*, nous apercevons un édifice où trois *Hostales* occupent chacun un étage. Le *Chiqui*, au deuxième, fait l'objet de notre choix. Une dame très gentille nous accueille, nous explique le fonctionnement des clés et reçoit notre obole. Une bonne douche et une courte sieste nous retiennent avant de repartir pour la visite de la cité. Même si nous n'avons pas l'intention d'entrer dans les trente églises, la promenade à travers la ville chargée d'histoire s'avère très enrichissante. Une cafétéria, sur la rue *Benevente*, face à notre *Hostal*, va nous permettre de refaire nos forces pour le lendemain.

En ce jeudi 15 avril, nous allons prendre notre déjeuner dans un bar sur la *Plaza Mayor*. Près d'une boutique, un grand thermomètre indique deux degrés. Pas très chaud encore. À la sortie de la ville, dès qu'apparaît le premier rayon de soleil, Roger se rend compte qu'il a oublié son chapeau à *l'Hostal*. Il veut que je l'attende sur place. Il n'en est pas question. Nous devons vivre ensemble chacune de nos épreuves. Je retourne avec lui au centre-ville et il récupère facilement son précieux couvre-chef. Nous repartons vers une sortie difficile de la banlieue nord, puisque les travaux routiers de la nouvelle A-66 se font sur les traces de notre *camino*. Nous avançons durant quatre kilomètres entre des tracteurs, des camions, des canalisations en construction, bref, une situation bordélique.

Puis, les travaux prennent fin et pour les deux kilomètres qui précèdent *Roales del Pan*, nous retrouvons un peu de tranquillité. En entrant dans le village, un magnifique *azulejo* nous rappelle que la voie romaine passait sous nos pieds et que ce village accueillait les courriers qui voyageaient sur la *calzada*. Aujourd'hui, affamés et fatigués par les difficultés du départ, nous aimerions bien trouver un bar pour y boire un café. Nous nous informons auprès d'une vieille dame en robe de chambre, il n'y en a pas. La déception se lit sûrement sur nos visages. Cette personne très gentille nous invite alors à nous asseoir sur un banc en face de sa maison. Elle va nous préparer un café. Elle revient quelques minutes plus tard avec deux grandes tasses et des petits gâteaux dans un plateau. Elle refuse les quelques sous que nous voulons lui offrir, très heureuse, dit-elle, d'aider ces hommes valeureux qui passent devant sa maison pour se rendre à *Santiago*. Nous lui promettons de prier pour elle une fois rendus dans la basilique.

À la sortie du village, le *camino* s'engage sur un sentier agricole pour un dix kilomètres, le long de la N-630. Un beau chemin droit et surélevé, un autre tronçon de *calzada*, qui nous amène directement à *Montamarta*, à l'entrée du réservoir de *Ricobayo*. Selon nos livres guides, aucun logement n'est disponible dans le village même. Cependant, à un kilomètre et demi avant d'entrer, sur la N-630, *l'Hostal Asturiano* accueille des camionneurs et des marcheurs. Nous nous attendions au pire. Quelle belle surprise de découvrir un édifice neuf, bien entretenu, et géré par les personnes les plus accueillantes que nous ayons rencontrées dans ce genre d'établissement! Monsieur et madame Rodriguez, un couple dans la cinquantaine, font absolument tout pour rendre notre séjour agréable. Dès notre arrivée, ils nous expliquent que nous pouvons trouver l'essentiel de ce dont nous avons besoin sur place : les repas, tout pour faire la lessive, des cordes pour le séchage et un excellent lit pour dormir. De plus, ces personnes s'intéressent à nous et nous aident à découvrir la région.

En fin d'après-midi, nous nous rendons visiter le village. Un fait surprenant : ce village de quelques dizaines de maisons, qui semble presque désert au moment où nous nous présentons, possède un grand bar de deux étages pouvant accueillir plus d'une centaine de personnes. En parcourant des feuillets accrochés au babillard du local, nous découvrons lentement l'importance de cet établissement. Entre ces murs, du premier au six janvier de chaque année, se tiennent les célèbres *Fiestas del Zangarrón.* Ces fêtes rustiques existent depuis très longtemps. Une tradition veut que, durant cette période, un personnage burlesque, couvert de peau de cochon et de plumes d'oiseaux de toutes sortes, vienne de très loin pour révéler des secrets concernant les gens de la place et les visiteurs de villages voisins. Ce bar se remplit à pleine capacité et devient le centre des festivités. Au moment où nous nous présentons, nous sommes vraiment les seuls et nous avons l'impression de déranger le barman, très attentif à ses programmes télévisuels favoris. De fait, le village compte peu d'attraits, c'est pourquoi nous revenons à *l'Hostal Asturiano* pour y terminer notre journée, non sans avoir pris une photo de l'église *La Virgen del Castillo,* située sur un promontoire en face du village. Cette église, de style *visigoth,* le seul édifice conservé de l'ancien village *Puebla de Sanabria* qui fut inondé après la construction du barrage, a été reconstruite pierre par pierre sur une butte rocailleuse. Nous passerons à ses pieds, demain, avant de commencer à longer le grand réservoir de *Ricobayo*.

Au cours du souper, un pèlerin de la Galice, un *Galiego*, vient s'asseoir à une table près de nous. Nous l'invitons à partager la nôtre, mais il refuse, préférant continuer la conversation à distance. Nous l'avons observé souvent, il est difficile d'établir des liens suivis avec les Espagnols plus âgés, alors que les jeunes, garçons ou filles, viennent facilement vers nous, s'intéressent à notre chemin et trouvent magnifique qu'un Belge et un Canadien marchent ensemble.

Au matin, le bar de l'*Hostal* ouvre ses portes à 7 h 30 et nous sommes les premiers clients. La température continue d'être belle et fraîche. Nous traversons le village de *Montamarta* sans nous arrêter, descendons dans le lit de la rivière qui alimente le réservoir, que nous traversons sur un pont de ciment et remontons vers la *Virgen del Castillo*. Le *camino* ne suit pas la rive du réservoir, mais coupe à travers des collines pour le retrouver plus loin, près de *Riego del Camino*.

Par contre, nous passons tout près des ruines de *Castrotorafe*, ancienne cité médiévale construite sur le site du camp romain, *Vico Aquario*. Cette ville, dont les origines remontent à une époque très ancienne, aurait été habitée jusqu'au début du XVIIe siècle. À la suite d'une guerre fratricide qui aurait conduit à la destruction du château sur un promontoire, en face de la rivière, et à un incendie qui aurait ravagé la majorité des établissements et surtout après l'effondrement du pont qui enjambait la rivière *Sanabria*, les habitants auraient progressivement déserté ce village qui, selon certaines rumeurs, aurait été maudit.

Le chemin traverse ensuite deux villages, *Fontanillas de Castro* (une référence à un camp romain) et *Riego del Camino* (la *calzada*). Nous nous arrêtons dans le second pour boire un café avant d'entreprendre les six derniers kilomètres qui précèdent *Granja de Moreruela*. Sur ce tronçon rocailleux, je ne vois pas une pierre qui émerge dangereusement dans le sentier et je donne un violent coup de pied sur l'élément rocheux qui ne bronche pas sous l'impact. Je m'en rappelle fort bien, puisque c'est à partir de ce moment précis que l'ongle du deuxième orteil de mon pied gauche a décidé de me quitter. Aujourd'hui encore, je suis en deuil de cette pièce de mon anatomie.

À la fin du Moyen Âge, le sentier des pèlerins passait quatre kilomètres plus à l'ouest et les marcheurs s'arrêtaient à l'imposant monastère de *Santa Maria de Moreruela*, le premier monastère cistercien en Espagne. Construit par des moines au Ve siècle, détruit par le *cheik Al Mansur* au début du Xe siècle, il fut reconstruit quelques années plus tard par les disciples de saint Bernard, qui en firent l'un des grands édifices religieux de la Péninsule ibérique. Déserté petit à petit par les religieux, il a été abandonné il y a une vingtaine d'années. Seule l'abside a été rénovée et sert aujourd'hui de chapelle.

Nous entrons à *Granja de Moreruela* sous la menace de la pluie, empressés de trouver un gîte avant que les nuages sombres n'éclatent. Malgré nos efforts, nous cherchons en vain une personne pour nous renseigner et nous nous butons constamment à des portes closes. La seule qui s'ouvre, *la clinica medical,* donne accès à un escalier que nous montons en essayant de faire le moins de bruit possible. Un homme, probablement médecin, remplit des dossiers. Notre intrusion ne paraît pas le surprendre et avec politesse, il nous invite à nous rendre au seul bar ouvert du village, *La Siega*, à proximité de la N-630. La porte de la petite buvette, à moins de cinq mètres de la Nationale, est fermée, mais pas verrouillée. Cela s'explique : sur cette route très passante qui traverse le village en son milieu, des camions de tous les tonnages filent à vive allure, ralentissant à peine leur vitesse en entrant dans l'agglomération.

Pendant que nous sirotons notre bière *San Miguel*, nous nous informons au sujet du gîte. Le patron sort alors la clé de l'école primaire abandonnée, vient sur le portique pour nous indiquer l'endroit, nous n'aurons qu'à glisser la clé sous la porte, demain, en passant. Pour le souper, derrière l'église, sur la colline, l'autre bar, *El Peregrino*, sert des repas aux pèlerins. Heureux de voir que notre situation s'améliore, nous nous dirigeons vers la dite école.

Devant l'église, sur une pierre jaune et plate érigée en stèle, un message pour les pèlerins écrit en espagnol : « En ce lieu se sépare le chemin qui te conduira au pied de saint Jacques. Que saint Jacques t'accompagne pour le reste de ta randonnée. » De fait, juste derrière l'église, nous voyons des flèches qui indiquent les deux chemins : la *Via de la Plata* continue vers *Astorga*, alors que le *Camino sanabrés*, plus court de treize kilomètres, passe plus au sud, par la ville de *Ourense*. Pourquoi avoir choisi de poursuivre vers *Astorga*? Les raisons sont multiples. D'abord, le *camino* traditionnel passe par *Astorga*, alors que le *Camino sanabrès* est vu comme un raccourci peu fréquenté. Puis, nous voulions revoir *O'Cebreiro*, endroit mythique que nous avions traversé sous la pluie en 2001, la vue obstruée par le brouillard. Finalement, une autre raison qui nous anime, et non la moindre : le fait de participer à la grande entrée à *Santiago* au milieu de la foule de pèlerins, en cette année sainte et jubilaire, ne nous déplaisait pas non plus. Pour toutes ces raisons, et d'autres plus personnelles, le choix de ce parcours n'a jamais été remis en doute au cours de notre préparation.

Nous arrivons donc devant la petite école, clé en mains, surpris de voir que cet édifice a fort belle apparence. La porte franchie, la situation se dégrade. Les fenêtres de l'unique classe ont été enfoncées, un seul robinet laisse filtrer un mince filet d'eau et la seule toilette qui fonctionne a perdu sa porte. Heureusement, dans la chambre de l'institutrice, les fenêtres sont intactes et les deux lits semblent confortables. La propreté laisse à désirer, laissant deviner que la maîtresse s'est absentée depuis quelques jours, voire quelques semaines. Nous nous installons du mieux que nous le pouvons, sans rechigner. Après un brin de lessive, je vais rédiger mes notes personnelles, dehors, assis sur une balançoire d'enfants, pendant que cinq ou six moutons sont en train de tondre le gazon autour de moi. Un magnifique décor bucolique! Virgile s'y plairait sûrement!

Vers cinq heures, pour s'assurer d'avoir un morceau à se mettre sous la dent, nous nous rendons au bar *El Peregrino*. Le patron nous reçoit avec bonhomie, nous offre un verre et s'informe de notre chemin. À l'arrière, il a affiché plusieurs photos de son propre pèlerinage, alors qu'à l'avant, ayant peu de bouteilles à offrir, pour compléter sa décoration intérieure, il a accroché cinq ou six calendriers des années passées, tous affichant des jeunes filles habillées de vêtements vaporeux. Quelques familiers du bar entretiennent une conversation très animée au comptoir, pendant que des enfants, sur des tables autour de nous, s'aident les uns les autres pour terminer leurs devoirs de classe.

À la sortie du bar, nous poursuivons notre visite du village par un arrêt à l'église paroissiale, édifice si sombre qu'il faut prendre quelques instants pour habituer nos yeux à l'obscurité. Jadis richement décoré, ce lieu de prière paraît laissé à l'abandon et une épaisse poussière couvre les statues de son manteau gris. Sur un mur près de l'école, une plaque de cuivre explique la bifurcation des deux chemins et invite le pèlerin à profiter pleinement des jours bénis de son pèlerinage.

À notre retour au bar, à huit heures, des femmes viennent chercher leurs hommes, amenant avec eux les enfants qui crient famine. À peine sommes-nous assis qu'une dame, qui a toutes les apparences d'une grand-mère, nous apporte un grand pichet de vin et une soupe aux fèves toute garnie. Suivent les traditionnelles côtelettes de cochon noir, servies avec des frites maison. Jusque là, rien de neuf. Après la crème caramel, le patron vient s'asseoir avec nous, avec d'autres photos et une bouteille d'alcool, distillée par lui-même. La conversation devient très animée : une photo, une gorgée d'alcool, une autre photo, une autre… Bref, en moins d'une demi-heure, les photos défilent devant nous et la bouteille connaît la panne sèche. Après avoir fait la promesse de revenir pour le déjeuner, nous descendons vers notre école abandonnée, pendant que des éclairs illuminent les ruelles et que le tonnerre gronde derrière nous. Nous entrons dans l'école au moment où les vannes célestes s'ouvrent sur nos talons. Le grand orchestre tambourine sur notre gîte esseulé et la pluie vient se répandre sur le parquet de la classe, une façon simple et peu coûteuse de nettoyer le plancher de temps à autre.

Les oreilles remplies de cette musique infernale et l'estomac un peu surchargé, je mets du temps à trouver le sommeil. Le drame se produit au cours de la nuit : la potion magique, brassée avec la soupe aux fèves, a créé une chimie aux conséquences explosives. Je me lève en toute urgence pour courir à la toilette afin de déposer la bombe. Oubliant l'eau répandue sur le *terrazzo* de la salle de classe, je fais une valse complète de 360° degrés. Pour une fois, mes talents de hockeyeurs entrent en action : je pivote sur la bottine et réussis à maintenir mon équilibre. Et sur la chaise percée, je conclus le tout rapidement.

Au lever, la température de trois à quatre degrés nous donne l'heure juste. Nous remplissons nos sacs et quittons l'édifice très hospitalier pour le bar *El Peregrino*. Le patron nous attend, ayant déjà fait cuire les *tostadas* dans l'huile d'olive. Il a les cheveux en broussaille, la barbe longue et le regard éteint. Nous pouvons supposer qu'il a regardé les photos de son pèlerinage toute la nuit. Nous consommons nos tranches de pain presque en silence, notre conversation se limitant à l'essentiel. Nous nous donnons la main et prenons le chemin, arrosés par un déluge.

Au cours des premiers kilomètres, je dois m'arrêter à quelques reprises, la dynamite de la veille produisant des effets à retardement. Vous comprendrez que, sous la pluie, avec le sac à dos, le poncho, le bâton, les bouteilles d'eau, il n'est pas facile d'accomplir certaines opérations délicates qui exigent une dextérité évidente. J'ai tout de même réussi à limiter les dégâts. Ce matin, le chemin continue à travers de petits boisés sur des collines, puis se rapproche lentement de la N-630, que nous allons emprunter pour entrer dans le village de *Santovenia del Esla*. Dans un bar de camionneurs, nous prenons un café qui fait du bien. En plus d'un léger problème d'estomac, j'ai mon doigt de pied, celui qui a frappé le caillou, qui est passablement enflé et qui proteste continuellement dans ma botte.

Le sentier reprend, parfois le long de la route, parfois à proximité d'un canal de dérivation, pour un autre sept kilomètres. Nous traversons *Villaveza del Agua* sans voir personne et nous nous arrêtons à *Barcial del Barco*. Fait exceptionnel, nous pouvons prendre un deuxième café, ce qui ne s'était pas encore produit sur ce chemin. À la sortie du village, la voie ferrée abandonnée devint l'unique pont accessible pour traverser le *Rio Esla* et la région marécageuse qui s'étend de chaque côté du cours d'eau. Un tronçon difficile de huit kilomètres, puisque cette voie, couverte d'arbustes et de chardons, est laissée à l'abandon depuis plusieurs années. De plus, les traverses de bois ont pourri, certaines cèdent sous nos pas, alors que d'autres se rebellent et s'élèvent au-dessus du sol pierreux. Dans ces conditions, il est absolument impossible de marcher d'un pas régulier. Heureusement, l'immense pont de fer qui enjambe le fleuve *Esla* nous permet de passer à sec, mais exige de l'attention, car aucune mesure de sécurité n'est prévue pour le pèlerin distrait.

Nous entrons à *Benavente* par une banlieue pauvre appelée *Villanueva de Azoague*. Au premier coup d'œil, il est vraiment difficile de savoir ce qui est nouveau dans ce long village plutôt à son déclin. En plus de l'importante raffinerie de sucre abandonnée, d'autres établissements ont également fermé leurs portes, projetant une image négative de ce quartier industriel laissé à l'abandon. À partir du carrefour, le *camino* traverse la ville par une seule rue, la *Calle Ancha*, qui passe au pied de la colline sur laquelle est construite la vieille cité. Bâtie sur un promontoire à la jonction du fleuve *Esla* et de la rivière *Orbigo*, elle servait de carrefour pour les routes qui allaient vers la Galice, les Asturies et la Castille. Ville populeuse et industrielle, elle a connu un déclin au siècle dernier lorsque ses industries se sont mises à péricliter. Aujourd'hui encore, les multiples terrains vacants illustrent les difficultés de cette ville à se tourner vers le futur.

Nous recherchions *l'Hostal Paul*, nous avons trouvé *l'Hostal Avenida*, au même numéro de porte. L'édifice avait changé de nom après sa rénovation. Ce dernier *Hostal* aura été le plus cher, quarante euros pour deux, mais il est très propre et nous prenons sur place notre repas du soir. En ce samedi, au centre-ville, des fêtes sont organisées pour mousser des activités commerciales. Le bruit des orchestres ne viendra en rien déranger notre tranquillité, alors qu'un violent orage s'abat sur la ville, au désespoir des festivaliers, fort probablement.

Dimanche matin, nous quittons *Benavente* sous la pluie pour une distance de vingt-deux kilomètres à parcourir en majeure partie sur une voie romaine transformée en route de campagne. Les petites gouttelettes cessent de tomber progressivement pour laisser toute la place à un fort vent d'ouest qui souffle sur les nuages noirs, dégageant tranquillement le ciel. À peine sinueux au départ, le *camino* deviendra une belle ligne droite, en cette campagne plane et verdoyante, où le dieu Éole peut s'en donner à cœur joie pour compliquer la vie des pèlerins. Le temps froid oblige à porter des gants et des pantalons longs, nous fonçons littéralement dans l'élément glacial. Rien pour déranger nos pensées. Un seul ennemi : le vent.

Après huit kilomètres, nous arrivons à *Villabrázaro*. Deux cigognes sur le clocher de l'église, un château en ruines et un grand cimetière, mais pas un bar. Nous demandons à un couple qui passe devant nous le chemin à suivre pour retrouver le *camino*, car des travaux d'asphaltage ont fait disparaître les flèches jaunes. Sans hésitation, ils offrent de nous accompagner jusqu'à la sortie du village. Eux aussi sont étonnés qu'un Belge et un Québécois puissent marcher ensemble. Un long ruban s'étend devant nous, rectiligne, après le cimetière, pour huit autres kilomètres jusqu'à *Maire de Castroponce*, dernier village de la province de *Zamora*.

Quand nous arrivons à un magnifique pont romain, *El Puente de la Vizana*, sur la rivière *Orbigo*, nous savons que nous entrons dans la province de *León*.

Astorga

El Puente de la Vizana, sur la rivière *Orbigo,* a connu le souffle de toutes les cultures et les civilisations de la Péninsule. Les légions romaines de *León*, de la Castille ou des Asturies, les invasions arabes, les armées des rois catholiques, les pèlerins de *Santiago* et même les bergers transhumants avec leurs troupeaux venus de la *Mesta,* tous empruntèrent ce pont magnifique, bien conservé jusqu'à nos jours. Lieu emblématique de la *Via de la Plata*, porte d'entrée du grand fief de l'*Infantado* au cœur des terres fertiles de *l'Orbigo,* ce pont a porté, à travers les âges, le nom de la voie secondaire qui relie la province de Castille et celle de *León, La Vizana.*

Pour entrer dans *Alija de Infantado*, le *camino* emprunte le chemin rural des terres basses. Un Espagnol que nous avons rencontré à *Benavente* nous a fortement déconseillé d'emprunter ce sentier inondé par les pluies abondantes des derniers jours. D'ailleurs, même sans son conseil, nous aurions poursuivi sur la route. Dès la traversée du pont, les grandes mares d'eau qui couvrent les champs nous font comprendre que le sentier est probablement impraticable. Ce détour par la route vient ajouter trois kilomètres aux vingt-deux déjà parcourus. Rien de tragique, surtout avec ce bon vent qui ne lâche pas prise. Nous rejoignons donc le village par la route qui passe à sa droite, à deux kilomètres de la place centrale.

Alija, la porte d'entrée de la seigneurie de l'*Infantado*, était reconnue, à la fin du Moyen Âge, pour ses caves de calcaire qui permettaient d'entreposer les vins et la nourriture sèche. Ces grottes creusées dans la colline avaient jadis servi de refuge aux premiers chrétiens qui fuyaient les persécutions, et ensuite aux juifs poursuivis par ces mêmes chrétiens. Au XVe siècle, les seigneurs s'étaient fait construire un magnifique château pour protéger la région, édifice aujourd'hui en ruines. La tradition juive est encore présente dans le village. On y retrouve deux synagogues. Sur la place centrale, entre la synagogue au pied de la colline et le château, nous pouvons observer encore deux grandes pistes de danse. Les coutumes de l'époque voulaient que les garçons et les filles, élevés séparément, puissent se rencontrer uniquement durant ces fêtes traditionnelles lors de danses folkloriques.

En circulant dans le village, nous avons l'impression qu'il est abandonné. Seules quelques personnes très âgées circulent lentement, péniblement, pour de courtes distances. Aucune voiture. Aucune bicyclette. Les passants interrogés semblent ignorer l'existence de l'*albergue de peregrinos* mentionné dans notre guide. Pendant que nous tournons en rond près de la synagogue au sommet de la colline, une vieille dame toute courbée s'approche lentement de nous. C'est elle la responsable du gîte. À petits pas, elle vient nous montrer « ce bar des aînés », tel qu'indiqué dans notre livre, s'excusant continuellement de ne pas pouvoir nous offrir davantage. De fait, il n'est pas facile de reconnaître un bar dans ce vieil édifice qui sert plutôt de débarras. Nous montons péniblement au troisième étage par un escalier de bois construit au Moyen Âge, sur des planches si usées que nous craignons qu'elles s'enfoncent. En haut, deux chambres comprenant deux lits chacune sont mises à notre disposition. Nous choisissons la moins exposée au vent, car la circulation d'air qui se glisse dans les interstices des murs et des fenêtres pourrait constamment nous décoiffer. Un mince filet d'eau s'échappe d'un robinet. Cependant, les murs de pierre ont résisté à l'usure du temps et le toit ne semble pas vouloir s'envoler. Nous promettons à la vieille dame de respecter son bien, de lui rendre la clé et de payer à 8 h 00, le lendemain, comme elle nous le demande.

Sur un petit carton accroché au mur, une annonce sème la joie dans nos ventres creux : la *Bodega Ozaniego* (une cave à vin), à un kilomètre du village, sert des repas. De peur de manquer le train, nous déposons nos sacs et partons vers une bouteille de vin et un bon repas. Nous trouvons l'endroit sans trop de problème. Nous descendons dans la cave pour un dîner gastronomique qui nous coûte la peau des fesses. Puis, nous revenons dans notre gîte bien ventilé pour digérer les rognons au vin et compter nos sous. En cette fin de dimanche après-midi, nos réserves alimentaires sont à plat et nous n'avons aperçu aucun bar, aucun restaurant où nous pourrions souper. Une visite minutieuse du village ne porte pas fruit : aucun marché. Un vieil homme qui se déplace à l'aide de deux cannes nous affirme qu'à la station d'essence, à la sortie du village, le patron vend de la bière et fait des *bocadillos*. Nous sautons à pieds joints sur l'information et nous nous dirigeons vers la *gazolinera*. Le patron et sa dame, du moins je le suppose, sont assis au comptoir et lisent chacun une revue. Madame, malgré ce vent froid qui hurle dehors, feuillette une revue de maillots de bain. Monsieur, qui cherche sans doute à se réchauffer, lit attentivement une autre revue où l'on retrouve les mêmes jeunes filles, mais cette fois, sans costume de bain. Nous commandons une petite bière pour établir le contact. Puis, je m'approche de madame et je lui demande si elle ne pourrait pas nous préparer un sandwich, comme nous sommes des pèlerins, que nous avons fait une longue route et que nous aimerions repartir le ventre plein. Sans lever les yeux, elle me répond que c'est dimanche, son jour de congé, et que… Pendant que nous sirotons notre bière, monsieur se retourne vers sa femme, émet quelques grognements et celle-ci se lève pour aller préparer nos *bocadillos*. Je ne sais pas si elle doit tuer le cochon, mais elle s'attarde longuement dans la cuisine. Pour passer le temps et maintenir le lien de communication avec monsieur, nous prenons d'autres petites bières. Finalement, après plus d'une demi-heure, madame revient avec nos excellents sandwichs. Au moment de payer la facture, nous demandons à monsieur s'il n'aurait pas une bouteille de vin à nous vendre dans son cellier. Avec empressement, il descend dans sa cave et remonte avec un velouté *vino de la tierra*. Un peu vacillants, nous retournons vers notre frigidaire en faisant bien attention de ne pas échapper la « dive » bouteille. Sur place, nous découvrons de vieilles couvertures que nous jetons sur nos épaules. Et ainsi emmitouflés, nous dégustons nos *bocadillos* et notre vin du pays, pendant que le vent chante à travers les multiples ouvertures de notre « *bar de los peregrinos* ».

Le lendemain matin, à 8 h 00 précises, tel que convenu, nous remettons à la vieille dame les clés de sa glacière et les sept euros demandés, espérant que ces quelques sous serviront à calfeutrer le local. Puis, nous reprenons le sentier en direction d'un lieu plus hospitalier. Le vent fort de la veille n'a nullement diminué. Nous avons l'impression de foncer constamment contre un mur. Nous empruntons les chemins agricoles qui suivent les divisions des terres. La grande solitude! Vingt-six kilomètres sans traverser un village, sans rencontrer personne. Seuls avec nous-mêmes, seuls avec le vent et quelques petits gâteaux achetés à la *gazolinera*. Le sentier recoupe des terres irriguées par de multiples canaux qui puisent leurs eaux, soit dans la rivière *Orbigo,* à droite, soit dans la rivière *Jamuz,* à gauche. Quelques villages, au loin, logent les fermiers qui travaillent dans les champs, alors que nous, nous passons aux extrémités de ces propriétés.

Toute la journée, nous pouvons admirer, vers notre gauche, les sommets enneigés des montagnes de *León*. Les nuages noirs qui se profilent à l'horizon nous laissent supposer qu'il pleut ou qu'il neige sur le *Camino francés*. Notre situation paraît plus confortable que celle des pauvres pèlerins qui traversent le col de la Croix de Fer, les pieds dans la congère. À deux kilomètres de *Bañeza*, nous rejoignons la N-630, que nous empruntons pour entrer dans la ville.

Cette cité médiévale, très connue au Moyen Âge pour son grand marché public, accueillait des marchands et des visiteurs de régions aussi éloignées que le *Bierzo*, la *Maragateria* et la *Tierra de Campos*. Des produits alimentaires et manufacturiers s'échangeaient en grande quantité. Cette ville prospère a maintenu sa réputation à travers les siècles et aujourd'hui encore, la qualité des édifices montre bien que la vie commerciale est active entre ses murs. Nous découvrons, non sans peine, un grand gîte bien entretenu, offrant tous les services souhaités par un pèlerin. La dame, responsable de *l'albergue,* demeure juste en face de l'édifice. Notre difficulté à trouver la clé vient du fait que nous ignorions cette information : les flèches jaunes conduisent au gîte et en face de la porte d'entrée, il suffit de sonner au numéro 20 de la *Calle Bello Horizonte* et la dame vient ouvrir le local.

Au cours de l'après-midi, de courtes averses se succèdent à intervalles irréguliers, nous obligeant à rester près du gîte. Celui-ci, probablement une ancienne école primaire, est fort bien aménagé pour recevoir une quarantaine de pèlerins. Situé sur une colline qui domine la ville, cet édifice nous offre un joli panorama. Les vingt-cinq kilomètres de la journée ont réduit nos forces, nous limitons nos activités à un bon dîner vers 14 h 30, à la mode espagnole, à une visite à l'épicerie pour refaire nos réserves alimentaires et à une soirée paisible à l'*albergue* où nous nous préparons un gueuleton bien arrosé.

En ce matin du 20 avril, exactement un mois après notre départ de Séville, nous entreprenons la dernière étape de la *Via de la Plata,* qui va nous conduire à *Astorga*. Une pluie fine, poussée par une brise légère, dégouline sur nos *punchos*, pendant que nous cherchons la sortie de la ville. Le *camino*, bien balisé, serpente dans le dédale d'un quartier résidentiel avant d'atteindre une colline qui s'ouvre sur la campagne. Puis, nous descendons en direction de la rivière *Duerna,* que nous traversons sur un pont ferroviaire abandonné. Nous passons ensuite sous l'autoroute A-66 par un tunnel aménagé pour les fermiers et nous nous retrouvons sur le dernier tronçon de la voie romaine pour douze kilomètres à travers de vastes champs de céréales. Un ultime moment de solitude avant de connaître le *Camino francés* et sa longue suite de pèlerins. Mais auparavant, à l'entrée de la *calzada*, nous passons à proximité d'un village pittoresque, *Palacios de la Valduerna*. Au XIVe siècle, le duc de *Bazán,* s'étant illustré sur les champs de bataille à côté du roi de Castille, reçut en cadeau ce coin de territoire. Il y a fait construire un château et depuis ce jour, cette grande famille espagnole a lié son nom à cette région. Le nom de *Bañeza* serait d'ailleurs un diminutif de *Bazán*. Le palais qui a donné son nom au village est bien visible du *camino*. Juste à côté*, el santuario de la Virgen de Castrotiera* attire, le 25 mars de chaque année, un bon nombre de touristes qui viennent prier Marie. Au Moyen Âge et durant la Renaissance, une foule de pèlerins, à cet anniversaire de l'annonciation de Marie, faisaient l'aller-retour à pied à partir de *Astorga*.

En quittant la *calzada*, nous retrouvons la A-66, que nous nous empressons de traverser, toujours dans un tunnel, vers la N-630, que nous allons emprunter jusqu'à *Astorga*. L'association des amis de saint Jacques de *Bañeza*, sous la direction de *Arturo Cano*, a fait beaucoup d'efforts pour tracer un sentier qui longe ce long parcours asphalté soit par la gauche, soit par la droite. Mais encore une fois, la pluie nous joue de vilains tours. Au premier ruisseau que nous devons traverser, nous butons sur une mare de plusieurs mètres d'eau. Il n'en faut pas davantage pour nous convaincre de reprendre la route asphaltée, peu achalandée, la A-66 drainant toute la circulation rapide. Peu après, nous apercevons sur notre droite un long pont romain qui permettait de traverser la rivière *Turienzo*, signe évident que nous suivons en parallèle la voie romaine numéro vingt-quatre. Puis, la ville de *Astorga,* sise sur une haute colline, apparaît dans le lointain. À *Celada de la Vega*, à quatre kilomètres de la cité, la circulation se fait plus abondante et des habitations poussent de chaque côté de la route. Arrivés au pied des murailles qui encerclent la vieille ville, nous montons une série d'escaliers jusqu'à la *Plaza España* et nous nous dirigeons vers la cathédrale *Santa Maria.*

À l'époque romaine, la ville s'appelait *Asturica Augusta* et se trouvait au carrefour de plusieurs grandes voies romaines. Centre administratif du nord-ouest de l'Espagne, capitale d'une vingtaine de tribus, lieu de rencontre de nombreux commerçants, *Astorga* gérait les fameuses mines de fer de *Las Médulas*, dans les montagnes de *León*. Dès le IIIe siècle, la ville devint le siège épiscopal de toute la région. Au Moyen Âge, les pèlerins qui se rendaient à *Santiago* s'arrêtaient plusieurs jours à *Astorga* pour se reposer, puisque que celle-ci comptait plus de vingt-cinq *hospitales* pour accueillir les pèlerins. En 1886, l'évêque *Grau Villaspinos* demanda à son ami *Antonio Gaudi* de lui construire un palais épiscopal, le sien ayant été détruit par un incendie deux ans auparavant. À peine le chantier était-il entamé que l'évêque décéda. *Gaudi*, qui ne réussit pas à s'entendre avec les autorités locales, retourna chez lui à Barcelone. Quelques-uns de ses élèves, originaires de la région, terminèrent le palais au cours des années suivantes. Ce magnifique édifice, à côté de la cathédrale, ressemble aujourd'hui à un château de Walt Disney.

La cathédrale *Santa Maria,* dont les clochers se voient de très loin, a été construite sur l'emplacement de la vieille église romane. Les travaux ont commencé en 1417 et se sont poursuivis durant trois cents ans, ce qui explique que nous y retrouvons des éléments de style gothique, et même de style baroque. Ses hauts murs de pierre rosée se marient agréablement avec les principaux édifices qui l'entourent.

Dès notre arrivée à proximité de la cathédrale, nous apercevons des pèlerins qui se baladent avec leur sac à dos. Certains sont en sandales. Aucun doute possible, nous venons de rejoindre le *Camino francés*. Sur ce parcours jusqu'à *Santiago*, nous voulions loger dans des gîtes différents de ceux que nous avions connus en 2001 afin de mieux aider les futurs pèlerins qui solliciteraient nos conseils. Pendant que nous cherchons *l'albergue Javier*, une dame nous informe que celui-ci est devant nous, sur la rue *Javier,* où nous sommes. Nous sonnons à la porte, une religieuse nous accueille. En moins de deux, elle nous montre une chambre que nous acceptons tout de suite. Nous sommes chez les sœurs Claristes et *l'albergue Javier*, à deux pas de nous, se trouve derrière le couvent. Lorsque nous nous apercevons de la méprise, il est trop tard. Nous avons payé les treize euros demandés et nous sommes déjà bien installés. Ici, les parquets brillent, la lumière est tamisée et un paisible silence règne partout. La religieuse nous annonce que les portes sont verrouillées en soirée peu après l'heure d'entrée des honnêtes gens : une contrainte facile à respecter.

Après la douche, nous allons nous balader dans cette ville que nous connaissons bien. Au cours des trois dernières années, peu de choses ont changé : les travaux sur la rue *Los Sitios* se sont déplacés vers la périphérie. Nous revoyons le restaurant où nous avions fêté le couple d'Autrichiens qui partait. C'est d'ailleurs là que nous irons souper ce soir, pour nous remettre rapidement dans l'ambiance du *Camino francés*. Entre-temps, Roger veut se débarrasser de son tapis de sol et nous passons à l'*Oficina de Correos* pour expédier le paquet. Je traînerai le mien jusqu'à *Santiago*, jugeant qu'il serait trop dispendieux de le retourner au Canada par la poste.

Avant le souper, je m'arrête à un café Internet pour envoyer un message au Québec, et je rejoins ensuite Roger pour célébrer notre arrivée à *Astorga*. Nous savons maintenant que le pire est derrière nous. Nous avons marché la *Via de la Plata,* dans la douleur parfois, mais nous l'avons fait sans bavure. Le chemin vers *Santiago* prend dès lors l'allure d'une fête. Nous désirons célébrer avec les pèlerins du *Camino francés* notre retour à *Santiago*. Malgré quelques douleurs qui persistent, nous entreprenons cette dernière partie du périple avec beaucoup de confiance et surtout avec la certitude d'arriver à la basilique de saint Jacques.

Nous nous levons tôt, prenons notre petit déjeuner à la chambre. Au moment où nous passons devant la petite chapelle sans faire de bruit, les religieuses assistent à la messe du matin. Nous retrouvons sans peine le sentier parcouru en 2001 : la descente des murailles, la route de *Castrillo de Polvazares* et *l'ermita de Ecce Homo*, sur la gauche. Le sentier a été amélioré au cours des trois dernières années : des bancs et des tables de pique-nique ont poussé durant notre absence et la peinture fraîche sur les flèches jaunes les rendent plus brillantes. Des pèlerins devant, des pèlerins derrière, nous sommes à nouveau sur le *Camino francés*.

Après cinq kilomètres, à *Muras de Rechivaldo*, nous quittons les abords de la route pour continuer à travers champs vers *Santa Catalina de Somoza*. Nous montons régulièrement vers les montagnes de *León*. Par ce temps gris et couvert, la marche est un réel plaisir. Une brise qui vient de l'ouest annonce de la pluie pour la journée, nous espérons arriver à *Rabanal del Camino* avant elle.

Dans les deux premiers villages, les bars n'ont pas ouvert leurs portes encore. Nous sommes probablement trop tôt dans la saison. À *El Ganso*, par contre, trois bars côte à côte nous attendent à bras ouverts. Ce petit village se vide de sa dizaine d'habitants en hiver et dès que le printemps revient, ses gens ouvrent leurs portes pour accueillir les pèlerins. Nous entrons à la *Mesón Cowboy*, nouvel établissement qui accueille les pèlerins depuis peu. L'intérieur est décoré d'instruments de ferme des siècles passés. Une idée intéressante en soi, mais le patron fait un peu trop commerçant et il exagère sur le prix du café. Nous en profitons pour faire connaissance avec deux couples de Français qui marchaient devant nous. Ils sont partis de *Burgos* et espèrent atteindre *Santiago*, mais une des dames multiplie les ampoules et songe à prendre le bus.

Nous reprenons notre sac pour la dernière montée de la journée vers *Rabanal del Camino*. Après deux kilomètres, nous nous arrêtons à une aire de pique-nique pour la collation du matin. Une belle croix de fer y a été érigée récemment. Le sentier grimpe lentement vers les pylônes électriques et une autre croix, en granit cette fois, marque le point le plus élevé. Puis, nous redescendons légèrement vers le village *Rabanal del Camino*, en passant à côté d'un magnifique chêne que tous les pèlerins connaissent. Deux bancs ont été installés en dessous de ses immenses ramures et, durant les chaudes journées d'été, les marcheurs apprécient l'ombre qu'il projette.

Dans *Rabanal del Camino*, nous avons le choix entre trois grands gîtes : *El Gaucelmo,* régi par l'association des amis du *Camino du Bierzo,* la *Confraternity of Saint James*, refuge de la municipalité et finalement, un *albergue* privé sur la *Plaza Gerónimo Morán*. Connaissant le premier, peu attiré par le second, nous choisissons le troisième, à gauche du village. Les responsables du gîte nous accueillent avec beaucoup de simplicité et de compréhension. Ils essaient de rendre notre séjour vraiment agréable. Comme le village possède peu de ressources, la dame peut nous fournir l'essentiel pour boire et manger. Et au matin, ils se font un plaisir de nous préparer un déjeuner convenable. Ce gîte propre et bien tenu mérite, pour le modique somme de cinq euros, que les pèlerins s'y arrêtent.

Dès notre arrivée, la pluie se met à tomber, ce qui va limiter nos déplacements. Sauf pour l'épicerie et le souper à *l'Hostal El Refugio*, nous restons au gîte à bavarder avec les pèlerins qui arrivent et remplissent complètement l'établissement. Outre les Français avec qui nous avons marché ce matin, il y a là d'autres pèlerins tels que l'Allemand *Ottman* et l'Irlandais *Alistair*, avec qui j'ai l'occasion de faire connaissance. Vers 21 h 00, la salle à manger de l'*Hostal* se remplit et la conversation circule d'une table à une autre, chacun racontant son anecdote de la journée. Nous revenons au gîte pour une bonne nuit de sommeil, mais vers 23 h 00, quatre

Espagnols entrent dans notre dortoir, en grande conversation. Ignorant les autres pèlerins qui tentent de s'endormir, ils continuent à parler d'une voix forte. L'incident n'est pas nouveau, il arrive parfois que certains habitants du pays oublient de se soumettre aux mêmes règlements que ceux des visiteurs : une manière peu agréable de se placer au-dessus des lois.

Au matin, après un bon déjeuner servi au gîte, nous partons sous le vent et la pluie forte. Cette montée vers la Croix de Fer, que nous avions faite dans le brouillard en 2001, nous l'entreprenons cette fois-ci sous la pluie glaciale. Mon genou, qui n'a pas aimé la température maussade de la veille, regimbe sans arrêt. Pourtant, trente-quatre kilomètres sont prévus pour la journée et dans les pires conditions. Pour atténuer la douleur, je maintiens ma stratégie : mon pied droit en avant et mon pied gauche sur le côté. Un Français qui m'a regardé marcher, la veille m'a dit, pour faire le drôle sans doute, que si je continuais ainsi, j'aurais les fesses déformées, et que deux fesses mal équilibrées, cela nuit au jugement. Je lui ai simplement répondu que j'étais d'accord avec lui, si c'était avec cette partie de son anatomie qu'il évaluait toute chose.

Quand nous entrons dans le village abandonné de *Foncebadón,* la pluie se change en neige. Ce village a jadis reçu des dons et des privilèges du roi *Alfonso VI* au XIVe siècle pour construire et entretenir un *hospital* pour les pèlerins. Après que les habitations furent mises en place, les habitants du village ont progressivement quitté ces lieux inhospitaliers. Le sol rocailleux où rien ne pousse, la pluie continuelle et les vents qui balaient la montagne, ont en effet chassé les plus intrépides.

Aujourd'hui, nous traversons ce village fantôme en pensant à ceux qui l'ont déjà habité.

Juste avant d'arriver à *Cruz de Hierro*, la neige cède la place à la pluie et au brouillard. Il est difficile de voir à une distance de cinquante pieds devant nous. La tradition veut que chaque pèlerin apporte une pierre de chez soi et la lance au pied de la Croix de Fer en faisant un vœu. Je n'ai pas apporté de pierre de chez moi, car il y avait deux mètres de neige sur mon terrain lorsque je suis parti. J'avais fait un vœu pour la jeune handicapée espagnole en 2001, cette fois, je formule le simple souhait de me rendre à *Santiago* pour remercier saint Jacques de m'avoir gardé en vie durant toutes ces années.

Du plus loin que l'on remonte dans le temps, cet endroit est un lieu mythique. Les premières peuplades venues en Espagne avaient élevé une stèle à une centaine de mètres de la croix actuelle. Les Romains, de leur côté, avaient construit un autel à Mercure, le dieu des voyageurs. Il semble que la traversée des montagnes de *León* ait, à toutes les époques, créé des problèmes aux gens qui s'y aventuraient et qu'ils aient tenté de les apprivoiser en demandant l'aide des dieux.

En reprenant notre sac après une photo prise dans le brouillard, nous sommes surpris par la grêle qui vient pincer nos figures à découvert. Pendant deux à trois kilomètres, la tentation de marcher à reculons persiste, car les petits glaçons frappent fort. Mais le sentier ne le permet pas. La neige dans les rigoles, la boue au creux du chemin et les arbustes gorgés de verglas nous obligent à rester vigilants. Nous baissons la tête et continuons à serpenter dans le creux des vallées. Les montagnes de *León* ne sont pas formées d'un seul mont, mais d'une série de montagnes successives. La Croix de Fer se trouve à 1 504 mètres d'altitude, alors que le dernier col que nous allons franchir, quatre kilomètres plus loin, se situe à 1 517 mètres. Pendant ce parcours difficile, les bourrasques de vent frappent de tous les côtés, dépendamment de la position des montagnes. Et la pluie, la grêle, le vent, le brouillard se mêlent et se croisent dans une bouillabaisse infernale. Le pauvre pèlerin marche la tête repliée sur lui-même, espérant seulement que la situation s'améliore un peu.

Entre ces deux sommets, au creux d'une petite vallée, nous traversons *Manjarin*, agglomération de quelques pauvres bâtiments. Tomas, *l'hospitalero,* descendant des Templiers, voit au fonctionnement d'un piètre refuge. Comme l'état des lieux n'est pas très invitant, peu de pèlerins y font escale. Ce gîte où nous nous étions arrêtés pour un café la première fois ne ralentit pas notre marche, aujourd'hui.

Dès que nous commençons la descente, les premières éclaircies percent les nuages. Ce versant abrupt exige de durs efforts de nos jambes. Roger, parti à grandes enjambées en 2001 sur ce sentier de montagne, souvent imprévisible, ralentit manifestement le pas aujourd'hui, sa hanche le faisant grandement souffrir. À l'entrée de *El Acebo*, je dépose mon sac pour l'attendre. Dès que mon compagnon me rejoint, il est à peine 11 h 00. Nous décidons de poursuivre jusqu'à *Molinaseca.* À la sortie du village, un groupe d'enfants venus en excursion en montagne nous accueillent comme des héros. Ils sont étonnés d'apprendre que nous venons de pays lointains pour marcher dans leurs montagnes.

Après un kilomètre sur la route, nous retrouvons le sentier qui descend plus en douceur vers *Riego de Ambros*. Au fond de la vallée, l'Indien qui peut guérir les genoux ou les pieds veille sous sa tente. Peu enclin à me faire tâter pour mes malaises, je le salue de la main et je file mon chemin. Cette fois, Roger m'attend sur le pont romain, au-dessus du *Rio Meruelo*, à l'entrée de *Molinaseca*. Nous passons devant le *Santuario de las Angustias*, dont les portes de bois ont été changées par des portes de fer, au XVIIIe siècle, puisque les pèlerins avaient pris l'habitude d'apporter des parcelles de bois comme souvenir. Nous nous arrêtons à la *Mesón Azar* où, le 12 octobre 2001, nous avions célébré la fête nationale des Espagnols en compagnie d'autres pèlerins. Il est à peine 13 h 00 quand nous reprenons nos sacs, donc trop tôt pour s'arrêter. Nous poursuivons pour huit autres kilomètres vers *Ponferrada*.

À la sortie de la ville, nous passons devant le gîte municipal, grande chapelle transformée en *albergue para los peregrinos*. Mes pensées reviennent vers Fitzgerald, évêque presbytérien de San Francisco rencontré à Roncevaux; soixante-dix-sept ans, droit comme un chêne, qui marchait à petits pas, mais ne s'arrêtait jamais. Il avait dormi sur la partie supérieure de mon lit, ce soir-là. Nous nous étions revus souvent sur le chemin. Je n'oublierai jamais l'accolade que nous nous étions donnée devant la basilique de Saint-Jacques de Compostelle, sous une pluie torrentielle, entourés d'une dizaine d'autres pèlerins. Des souvenirs comme celui-là nous suivent jusque dans la tombe.

Pour ces derniers kilomètres, le *camino* poursuit sur un sentier spécialement aménagé pour les pèlerins, le long d'une route peu fréquentée. À partir de la banlieue de *Campo*, pour les trois derniers kilomètres, un large trottoir étend son ruban parallèle à la route et rend très agréable notre entrée dans la grande ville de *Ponferrada,* que nous contournons en grande partie par la droite.

Le nom de la ville vient du célèbre pont de fer, construit en 1082, au-dessus du *Rio Sil.* Cette capitale du *Bierzo* a connu jadis la prospérité, principalement à cause de ses mines de fer. Ce minerai, étalé à profusion dans la région, a conduit les ingénieurs locaux à concevoir le premier pont de fer connu au Moyen Âge. Cette œuvre gigantesque pour les moyens de l'époque et la construction, juste à côté, de l'immense château des Templiers, ont fixé à tout jamais ce nom dans la mémoire des pèlerins. Encore bien conservé, le château domine la ville sur la colline en face du *Rio Sil*, alors que le pont, rongé par la pollution et l'usure du temps, a été recouvert de ciment pour assurer sa survie.

Nous nous arrêtons dans le nouveau refuge, construit près de l'église *Carmen* et géré par un groupe d'*hospitaleros* américains. L'autre gîte, près de la forteresse des Templiers, sur la *Plaza Virgen de la Encina,* était aussi disponible. Dès l'arrivée, un membre du groupe vient nous désigner nos places. Nous couchons au deuxième étage d'un lit superposé, dans une chambre à deux lits. Les deux Espagnols qui occupent la partie inférieure se sont déjà installés. Dès le premier pas dans la chambre, une forte odeur agresse mes narines. Pour guérir leurs problèmes musculaires, les Espagnols se graissent avec un produit qui répand une odeur nauséabonde. Nous nous présentons et commençons les tâches habituelles. Après la douche et la lessive, nos compagnons semblent vouloir s'incruster dans la chambre. Nous profitons donc du soleil qui apparaît pour aller écrire nos notes sur des tables, à l'extérieur de l'édifice.

Désireux de faire une sieste avant le souper, nous revenons à la chambre où les deux Espagnols se sont donné un deuxième traitement, amplifiant l'odeur putride. Nous allons nous asseoir dans la salle commune, espérant leur sortie afin d'ouvrir les fenêtres pour aérer le local infesté. Rien à faire, ils gardent vaillamment le fort, la main sur la poignée de la fenêtre qu'ils tiennent fermement verrouillée pour maximiser les effets de la cure. De guerre lasse, nous quittons les lieux pour respirer le bon air de la ville.

Après une petite bière à un bar, une visite de la ville, un arrêt à un café Internet pour envoyer un message au Canada, nous nous retrouvons au deuxième étage d'un vieil édifice, dans un minuscule restaurant sur la place de la mairie. Après un excellent repas, nos espoirs se portent vers la fenêtre de la chambre que les Espagnols ont sans doute lâchée pour aller souper. Il n'en est rien. Ils sont toujours vissés là et tout laisse croire qu'ils viennent de se donner un quatrième ou un cinquième traitement. Je vais en glisser un mot au responsable qui gère les problèmes au coucher : il affirme être impuissant à changer quoi que ce soit, l'*albergue* étant complet. En désespoir de cause, nous sommes condamnés à dormir dans cette chambre surchauffée, empestée, intoxiquée et quoi encore. Impossible de dormir. Je vois Roger qui regarde l'heure à tout moment avec sa lampe de poche et qui ne cesse de tourner dans son lit. Au cours de la nuit, cette guérison doit s'accompagner d'effets secondaires sur le système intestinal, car chacun des Espagnols alimente de quelques gaz personnels le haut taux de putréfaction. Vers 2 h 00 du matin, l'un des Espagnols se lève pour aller à la salle de bain. À son retour, je lui explique que nous sommes en train de mourir, qu'il vaudrait mieux entrebâiller la porte. Bon prince, il acquiesce à mes désirs. Nous pouvons dormir quelques heures avant que la foule ne se lève et nous signale qu'il est l'heure de partir.

Au lever, les Espagnols, très gentils, nous laissent remplir nos sacs en paix. Étendus sur leur lit, ils veulent sans doute profiter des derniers effluves du matin avant que les pompiers n'arrivent pour désinfecter la chambre. De notre côté, à peine réveillés, nous sortons à l'extérieur et respirons le bon air frais de la vallée du *Bierzo* avant d'aller déjeuner dans la cuisine du gîte. C'est à ce moment précis que je me rends compte que le rhume ressenti hier a complètement disparu. Malgré moi, je dois reconnaître les bienfaits de cette médication que nous avons appelé « la cure de l'Espagnol graissé » : cette pommade, par son odeur nauséabonde, peut tuer toute forme de microbes, à moins que le malade ne meure avant, totalement intoxiqué.

Malgré nos quelques heures de sommeil, la journée s'annonce magnifique. La sortie plutôt compliquée de la ville se fait sous un ciel bleu et la fraîcheur du matin : le passage sur le célèbre pont de fer, la marche dans un grand parc le long du *Sil*, la traversée de la A-66 dans un tunnel et la promenade sinueuse à travers les quartiers résidentiels pour rejoindre le premier village, à cinq kilomètres, *Columbrianos*.

Puis, le *camino* continue sur des chemins en gravier à travers les splendides vignobles de la vallée du *Bierzo*. Ces terres fertiles situées entre deux chaînes de montagnes, celles de *León* et celles du *Cebreiro*, arrosées par trois grands cours d'eau, le *Rio Sil,* le *Rio Naraya* et le *Rio Cua*, près de *Cacabelos*, offrent aux fermiers les meilleures conditions pour la culture de la vigne. Le vin que l'on en retire, considéré comme instable, donc difficile à exporter, possède un arôme très particulier, apprécié des dégustateurs de bons vins abordables.

La température fraîche de ce matin, le ciel bleu, les vignes qui laissent voir leurs premiers bourgeons, tout invite à la flânerie. Nous nous arrêtons pour un premier café dans le village de *Fuentes Nuevas*, près des tables installées à la porte d'un bar. Des pèlerins, déjà assis, nous accueillent et nous retiennent pour un brin de conversation. À l'intérieur, la jeune dame, victime de sa gentillesse envers les pèlerins, ne fournit pas à remplir ses cafetières. Les pèlerins s'arrêtent, dégustent ses cafés et repartent aussitôt. Un va-et-vient qui donne vie à cette rue normalement déserte.

Deux kilomètres plus loin, sur la place du village de *Camponaraya*, le patron du bar a disposé une dizaine de tables pour accueillir son monde. À notre arrivée, nous sommes les premiers pèlerins que le barman, les bras croisés sur le seuil de son établissement, accueille et invite à s'asseoir. Pourquoi pas un deuxième café? Le geste est contagieux, à peine sommes-nous assis que les tables se remplissent autour de nous. L'homme se fait tout sourire, car dans ce village perdu au milieu des terres vinicoles, les pèlerins sont sa manne la plus précieuse.

Les six kilomètres suivants serpentent entre des collines gorgées de lumière où les vignobles s'étendent à perte de vue. Des montagnes derrière, des montagnes devant, la vallée baigne dans le soleil d'avril que nous cueillons à pleines mains. Un coin de paradis! La rencontre de *l'Autovia 66*, que nous traversons sous un tunnel, semble une erreur dans ce décor champêtre exceptionnel. Puis, nous nous arrêtons devant le restaurant de *Cacabelos* où la jeune serveuse, en 2001, nous avait fait une excellente *tortilla*. Cet avant-midi, malheureusement, des pèlerins occupent toutes les tables. Il est à peine 11 h 00 et nous ne voulons pas retarder notre marche. Sur un grand panneau, cloué sur le mur de la coopérative, à la sortie du village, nous pouvons lire le message suivant : « Pèlerin, voici le Chemin de Saint-Jacques et la coopérative la plus ancienne du *Bierzo*. Apporte ton pain et bois notre vin, car c'est avec le pain et le vin que se fait le Chemin. »

Pendant que nous prenons une photo du message, un homme s'approche de nous, un Dominicain en visite chez sa mère malade. Ancien pèlerin, intéressé par ce qui concerne la *Via de la Plata,* il va marcher à nos côtés une distance de deux kilomètres afin de connaître nos réactions, nos motifs pour effectuer ce pèlerinage au cœur de l'Espagne. Nous nous arrêtons à quelques reprises pour expliquer plus facilement notre point de vue. Cet homme, en apparence très simple, apprécie notre réflexion et se dit très heureux de nous avoir rencontrés. Nous nous quittons sur une franche poignée de main.

Pour les sept derniers kilomètres, nous marchons le long d'une route peu fréquentée, les yeux rivés sur la montagne du *Cebreiro,* devant nous, et nous entrons à *Villafranca del Bierzo* sous le coup de midi, après vingt-quatre mille pas de bonheur. Nous nous arrêtons à l'*albergue* municipal, sur la droite, à l'entrée de la ville. Nous avions été bien reçus en 2001, c'est un plaisir d'y revenir. Le bâtiment n'a pas changé, mais des lits ont été ajoutés, laissant moins de place pour chaque pèlerin. La très jeune fille qui travaillait comme *hospitalera* a été remplacée par une matrone à l'allure martiale. Après une si belle marche, nous sommes disposés à faire tous les compromis. Nous prenons une douche et faisons la lessive, puis repartons vers la ville pour prendre une bouchée.

Comme le nom l'indique, *Villafranca* a été revitalisée par les chevaliers Francs et les commerçants étrangers. Le roi de Castille *Alfonso IV*, qui désirait augmenter la population chrétienne au nord de l'Espagne, invitait les étrangers à venir s'y établir. Le pape de Rome, qui voulait la reconquête de l'Espagne par les catholiques, faisait d'intenses croisades pour persuader les chrétiens d'aller combattre les Mores dans la Péninsule ibérique et de s'y installer en permanence. L'effort pour la *Reconquista* militaire exigeait du même coup une augmentation du nombre de chrétiens. Ainsi, au XIIe siècle, plus de la moitié de la population de cette agglomération était étrangère. Le nom de *Camino francés* vient du fait que ce chemin a été défendu et peuplé par des étrangers, principalement par des Francs, les Français de l'époque. Au cœur de la ville, sur la partie la plus élevée, se dresse la grande église de *Santiago*, de style roman lombard, avec son magnifique portique du Pardon. Le pape Calixte III concédait les mêmes faveurs et les mêmes indulgences aux pèlerins qui franchissaient cette *Portada del Perdón* qu'à ceux qui traversaient le portique de la Gloire de la basilique de *Santiago*. Comme cet endroit était stratégique, non seulement pour les pèlerins, mais aussi pour les militaires qui voulaient garder la mainmise sur la Galice, de sanglantes batailles eurent lieu dans la montagne, à proximité, et des forteresses militaires virent le jour. La plus célèbre, construite par des soldats Francs et jugée imprenable, fut détruite à la dynamite par l'armée de Napoléon, qui craignait que les Espagnols s'en emparent. Curieux retour du destin!

Après ce vingt-quatre kilomètres, nous ressentons un petit creux, aussi, nous allons *Chez Alfredo* où, en 2001, nous avions eu d'agréables conversations avec le propriétaire. Ce restaurateur italien, qui avait passé cinq ans sur la rue Jean-Talon à Montréal, conservait de bons souvenirs de son séjour en Amérique. Durant tout le repas, il ne cessait de venir quêter quelques nouvelles du Québec. En ce midi ensoleillé, jour de congé pour les Espagnols qui célèbrent la fête d'un saint de la région, les terrasses sont remplies à pleine capacité. *Alfredo* court d'une table à l'autre, son carnet à la main. Nous avons à peine le temps de lui dire deux mots au moment où il vient prendre notre commande. Mais lorsque nous demandons à la jeune serveuse qui l'aide de nous apporter une bouteille de vin, c'est lui qui se présente à notre table avec une excellente *Palacio de Agranja* de 1987, un cadeau de la maison, dit-il en souriant, avant de repartir aussitôt. Sans être un véritable connaisseur, je dois admettre que ce vin possède un arôme exceptionnel et que j'ai rarement eu l'occasion d'en déguster un meilleur. Sur cette terrasse surélevée, avec un ciel bleu sans nuages au-dessus de nos têtes, le *Cebreiro* à notre gauche et la vallée du *Bierzo* à droite, nous sirotons avec lenteur notre *Palacio*, dégustant chaque seconde de ce moment de bonheur.

Un de nos compagnons de route, l'Allemand Ottman, s'attable quelques instants avec nous. Nous l'invitons à venir partager notre souper, à la tombée du jour, sur cette même terrasse, notre coin de paradis. Cet Allemand, qui a parcouru le monde pour une compagnie qui fabriquait des appareils pour les dentistes, retrouve le plaisir de marcher sur la terre ferme avec un simple sac à dos. Cet homme simple et généreux, même s'il ne s'exprime qu'en anglais, fut un compagnon de route vraiment sympathique. Nous allons apprendre à le connaître davantage, ce soir, au souper. D'autres pèlerins viennent nous rejoindre au fur et à mesure qu'ils arrivent, de telle sorte qu'au milieu de l'après-midi, nous sommes une vingtaine à partager notre bonheur et à nous raconter notre chemin. Le reste de la journée file en douceur, alors que nous réparons nos forces pour la montée du *Cebreiro*, le lendemain, un trente-deux kilomètres redouté des pèlerins.

En fin d'après-midi, nous jetons un rapide coup d'œil sur le trajet qui nous attend demain. Tous les deux, nous préférons ne pas retourner au gîte de *O'Cebreiro*. L'expérience vécue la première fois ne nous invite pas à renouveler. Comme diraient mes anciens élèves : « Plus sardines que cela, tu meurs! » Je téléphone à la *Mesón Carolo*, adresse prise au hasard dans notre guide. La jeune fille qui reçoit l'appel me demande où je suis présentement. Comme je lui réponds que je suis attablé sur la *Plaza Mayor de Villafranca*, elle me répond qu'elle ne nous attendra pas avant 17 h 00, mais que notre place est réservée jusqu'à 21 h 00. Je transmets l'information à Roger qui rétorque : « On verra bien! »

Au coucher, je me retrouve au deuxième étage d'un lit superposé, au-dessus d'une jeune femme qui marche accompagnée d'un Espagnol. Sur le matelas voisin, une vieille dame qui avance à l'aide de deux cannes a étalé ses effets. Cette Autrichienne nous donne chaque jour une leçon de courage, parcourant la même distance que nous. Dans ce dortoir de quatre lits, une fenêtre laisse entrer la fraîcheur du soir, l'air vivifiant de la vallée du *Bierzo*. Je m'endors sans aucune mauvaise pensée pour les « Espagnols graissés » de la veille.

Dès 6 h 00, le couple d'Espagnols se met en branle, suivi de Ottman,.qui couchait près de Roger. Nous nous levons sans hésitation, prêts à entreprendre cette montée que plusieurs pèlerins ne feront pas. En soirée, certains réquisitionnaient des taxis pour transporter leurs bagages, d'autres pour tout simplement monter en voiture. Nous remplissons nos sacs avec ardeur, espérant profiter de la douceur du matin pour parcourir le maximum de distance possible. Notre déjeuner vite avalé, nous sortons sous le ciel étoilé pour commencer notre ascension.

Nous sommes quelques-uns à nous encourager sur le pont médiéval au-dessus du *Rio Burbia*. Le soleil n'étant pas encore levé, nous avançons en silence dans la pénombre, sur le bord de la route en direction de *Pradela*. Grâce aux travaux routiers de 2001, une belle voie, pavée en jaune, séparée de la route par un muret de ciment, permet aux pèlerins de marcher en toute sécurité jusqu'au sommet de la montagne. En ce samedi matin, un groupe de jeunes Espagnols, des marcheurs de fin de semaine, nous précèdent sur le *camino*. Pendant douze kilomètres, cette route asphaltée suit le *Rio Valcarce*, traverse le village de *Pereje* et rejoint le carrefour routier de *Trabadelo*. Lorsque nous nous arrêtons à proximité de l'échangeur pour un premier café, le soleil illumine le sommet des montagnes, alors que les vallées baignent encore dans l'ombre. Nous croisons notre ami Ottman, qui avance auprès d'une jeune marcheuse et qui nous envoie un large sourire.

À partir de cet endroit, nous montons en douceur au creux d'une profonde vallée entourée de hautes montagnes. Le premier village rencontré porte un nom très significatif, *La Portela* : il représentait la porte d'entrée de ce passage emprunté pendant des siècles par les gens qui se rendaient en Galice. Aujourd'hui, une autoroute passe à cent cinquante pieds au-dessus de nos têtes, rendant caduque cette ancienne dénomination.

À *Ambasmestas*, nous quittons la grande route pour suivre un chemin peu fréquenté qui relie entre eux les derniers villages. Les montagnes se rapprochent davantage et les maisons doivent s'accrocher littéralement aux flancs des collines. Les villages qui se succèdent à moins de deux kilomètres de distance semblent se recroqueviller sur eux-mêmes, donnant un caractère intime à ce paysage.

Vega de Valcarce est né de deux petites forteresses : la première, *Veiga*, servait de refuge pour les percepteurs des postes de péage et la seconde, *Sarracín*, a été construite au IXe par le Comte *Sarracino,* duc de *Astorga,* qui désirait protéger ses intérêts dans cette vallée. Ce village maintient dans ses murs le poste administratif le plus éloigné de la province de *León*. Les habitudes des gens de cette vallée s'apparentent davantage à celles des habitants de la Galice.

Le chemin prend de l'altitude et les châtaigniers, ces arbres des montagnes, couvrent les bas côtés des collines. À *Ruitelán*, plusieurs affiches le long de la route donnent des numéros de téléphone à ceux qui désirent appeler un taxi, une camionnette. La tentation est forte, pour le pèlerin, de se laisser séduire par le confort moderne. Les petits bars sont remplis de pèlerins qui ont laissé tomber leur sac et qui hésitent. Malgré mon genou qui souffre et la hanche de Roger qui réclame un arrêt, nous avançons à grands pas, dépassant des pèlerins partis plus tôt, ou ayant couché plus près de la montagne.

À *Las Herrerías*, les cyclistes nous quittent pour suivre la route qui contourne la montagne. Le pèlerin, lui, entreprend une montée abrupte vers le sommet sur un sentier rocailleux qui exige une vigilance constante. L'escalade des quatre prochains kilomètres, après les vingt-quatre que nous venons de parcourir, est sans contredit la partie la plus difficile du *Camino francés*. Avant de l'entreprendre, nous terminons de manger nos *bocadillos* afin d'emmagasiner le plus d'énergie possible. Roger, qui a ralenti le pas depuis quelque temps, m'invite à monter à mon rythme sans regarder derrière. Malgré le temps frais et la brise de la montagne, nous n'avons gardé qu'un mince chandail pour absorber nos sueurs. Je pars d'un bon pas derrière un groupe de marcheurs espagnols, que je dépasse au premier tournant. Un ruisseau a changé son cours pour adopter le chemin, ce qui explique une première partie boueuse et glissante. Mais bientôt, les arbres se font plus rares, dégageant la vue sur la vallée, en bas. Sur de larges pierres exposées au soleil, quelques magnifiques vipères viennent accueillir les rayons de soleil qui leur feront oublier les rigueurs de l'hiver. Dès mon approche, elles se faufilent sous les buissons. De temps à autre, je m'arrête pour reprendre mon souffle et admirer les montagnes qui nous entourent, et la vallée paisible qui s'étend à nos pieds. En ce bel après-midi d'avril, sous un ciel bleu sans nuages, la montagne s'offre à nous comme un espace privilégié de paix et de sérénité.

En arrivant à *La Faba*, minuscule agglomération de quelques maisons, on voit gravé sur une large pierre : « Un chemin très dur qui est réservé seulement aux très bons marcheurs! » À quelques mètres du message, je vois quatre femmes assises par terre, près d'un sentier pour véhicules motorisés. L'une d'elles a communiqué avec un taxi qui possède un quatre-roues motrices.

Toutes, elles m'invitent à monter avec elles. Je les remercie de leur délicatesse, mais je n'ai jamais eu l'intention de m'arrêter, même si mon genou me fait de plus en plus souffrir. À quelques pas de là, d'autres pèlerins, partis dès 5 h 00 du matin, attendent eux aussi du secours, de multiples malaises ont vaincu leur courage. Alors, je vois arriver Roger derrière moi, qui me fait signe de continuer. J'empoigne mon sac et repars en avant.

À *Laguna de Castilla*, le dernier village de la province de *León*, la pente devient moins abrupte, signe évident que nous arrivons au sommet. Une borne kilométrique nous indique que nous sommes à cent cinquante-deux kilomètres de *Santiago,* et à cinq cents mètres de la Galice. Un beau sentier construit en corniche le long d'une falaise nous offre une vue splendide sur l'ensemble des montagnes du *Cebreiro*. Même le *Rio Irago,* qui recueille les eaux tumultueuses qui descendent des sommets, se distingue fort bien au fond de la vallée. Cette vue panoramique qui émerveille le marcheur lui permet de quitter la province de *León* les yeux remplis de bonheur.

La Galice

Nous arrivons à la stèle qui marque l'entrée du village de *O'Cebreiro* à 15 h 00 précises, deux heures plus tôt qu'anticipé, selon les prévisions de la jeune dame de la *Mesón Carolo*. Peu après, nous contournons le monument élevé à la mémoire de *Elias Valiña*, ancien curé de *O'Cebreiro* qui a étudié longuement l'histoire du Chemin. Il en fut aussi l'un des grands promoteurs durant les années 1960. Il a été enterré ici, sur le bord du sentier, en 1989.

Cette agglomération, la porte d'entrée de la Galice, est à la fois pittoresque et mythique. Le paysage mystérieux qui l'entoure, *las pallozas*, ces fameuses maisons de pierre où jadis vivaient ensemble humains et animaux, le brouillard qui couvre ces habitations la majeure partie de l'année, les légendes que racontent les habitants, tout concourt à renforcer le caractère particulier de ce village. En 2001, nous l'avions traversé sous une pluie torrentielle et c'est pour revoir ce village que nous revenons sur nos pas, trois ans plus tard.

Saint Jacques nous fait réellement une fleur en nous présentant le site sous un ciel radieux, en ce printemps plutôt pluvieux.

Dès notre entrée sur la place principale, nos vêtements trempés de sueur, qui font état des efforts fournis pendant les trente-deux derniers kilomètres, contrastent avec ceux de la foule de touristes qui circulent en habit de fête, avec ceux aussi de nos amis pèlerins qui paraissent radieux après leur ballade en taxi pour monter au sommet. Au bar de la *Mesón Carolo*, la dame est surprise de nous voir arriver si tôt : « Êtes-vous montés à pied? » En ce dimanche après-midi, les touristes, nombreux, occupent toutes les tables. Les draps étendus sur les cordes à linge à côté de la maison laissent supposer que nous devons donc attendre qu'une personne prépare notre chambre. Appuyés dans un coin, nous sirotons notre bière en silence, contents d'être enfin arrivés... sur nos deux pieds. À son signal, nous suivons la maîtresse de maison, nous la suivons à l'extérieur de l'édifice vers une porte dont elle seule connaît l'existence. La chambre, petite, propre et bien aérée, nous suffit amplement. Après une douche, une lessive et une courte sieste, nous partons à la découverte de ce minuscule et mystérieux village.

Sur la colline, à côté de l'*albergue* municipal, notre regard embrasse la totalité des habitations : une vingtaine de grosses maisons de pierre, agglomérées les unes aux autres dans un ensemble compact où la petite église, avec son clocher qui dépasse à peine les toits, au bout de l'unique rue, paraît fermer la porte de sortie. Un microcosme de pierres qui n'a son égal nulle part ailleurs. Comme ce hameau devenait une étape quasi obligatoire pour entrer en Galice, le roi *Alfonso IV* en confia l'administration aux moines français de Cluny.

Par la suite, des Bénédictins vinrent remplacer les religieux fondateurs et assurèrent la survie du village jusqu'en 1854, année où ils furent expulsés par la *Desamortización de Mendizábal*, forme de prise de possession des biens religieux par l'État.

Parmi les nombreuses légendes qui courent à *O'Cebreiro*, celle du *Calice du Miracle* est la plus connue. Un berger de *Barxamaior,* ayant affronté la tempête pour assister à la messe, fut réprimandé par le curé, qui lui conseillait de rester à la maison les jours de mauvais temps. Aussitôt ces paroles prononcées, le prêtre ouvrit les yeux de consternation : l'hostie se changeait en chair et le vin en sang. Deux cents ans plus tard, la reine Isabelle la Catholique, qui faisait son pèlerinage, désireuse d'apporter ce trésor dans sa chapelle royale, s'empara de ce calice, conservé dans l'église comme relique précieuse. Devant ce geste effroyable, les soldats qui l'accompagnaient, craignant les foudres divines, descendirent se réfugier à *Pereje*. Leur attitude convainquit la reine de laisser le fameux calice à sa place, où il repose encore aujourd'hui. C'est dans cette même petite église romane qu'une jeune fille, en absence du curé, appose le *sello* du lieu et celui de la paroisse sur notre *credencial*.

En se baladant dans le village, nous croisons plusieurs pèlerins rencontrés à *Villafranca*, la veille, dont notre ami Ottman, qui nous raconte qu'il a dû abandonner sa jolie pèlerine en route, refusant de la monter sur ses épaules, elle dont les pieds ensanglantés avaient mis fin à son ascension. Lui-même semble en pleine forme, habitué, dit-il, à marcher dans les montagnes de son pays. Nos visites terminées, vers 18 h 00, nous rencontrons des pèlerins français qui remontent péniblement la rue principale, complètement épuisés. Le récit de leurs souffrances laisse croire que leur pèlerinage arrive à son terme.

Après un bon souper au bar de la *Mesón Carolo*, nous nous couchons tôt, vidés complètement de nos énergies. La brise du soir balaie le sommet de la montagne et s'infiltre par notre fenêtre entrebâillée, comme un zéphyr bienfaisant apportant aux pauvres pèlerins que nous sommes un sommeil réparateur.

Après un déjeuner dans notre chambre, nous prenons le chemin forestier qui longe l'*albergue* et s'élève sur la colline derrière l'édifice. Un sentier nouveau pour nous que la pluie torrentielle, la première fois, nous avait empêchés d'emprunter. Aujourd'hui, ce chemin sablonneux, asséché par les derniers jours de soleil, offre un parcours intéressant, d'abord à travers un boisé de grands arbustes, puis le long d'une corniche qui nous permet de jeter un coup d'œil sur l'autre versant du *Cebreiro*. Commence alors la traversée des montagnes sur un sentier sinueux qui monte et descend constamment au gré des vallées et des collines, à travers de petites agglomérations qui ne méritent pas le titre de village. Près de la première, *Liñares*, sur un plateau appelé *Alto de San Roque* et ouvert à tous les vents, l'énorme statue d'un pèlerin, la main sur son chapeau, affronte les éléments hostiles. Un couple de Français, Denise et son mari, arrivé avant nous, attend une main bienveillante pour une photo inoubliable. La vallée, en bas, éclairée par le soleil du matin, offre un décor exceptionnel. Nous échangeons nos appareils pour conserver un souvenir de ce magnifique endroit. En 2001, sous la pluie, Roger avait mimé les gestes de ce pèlerin coulé dans le bronze, luttant aux côtés de la statue contre la nature déchaînée.

Cette année, sa figure rayonnante, un peu rosée par le soleil levant, donne une toute autre image.

Nous nous arrêtons à *Alto de Poio* pour un premier café, après une montée rude, mais courte. Plusieurs pèlerins, attablés au sommet de la colline qui forme une terrasse naturelle devant le bar *El Mesón de peregrino*, nous cèdent leur chaise. Un va-et-vient qui ne semble pas déplaire aux deux sœurs *Remedios,* qui s'affairent sans arrêt. Puis, le sentier continue vers un autre col auquel il faut accéder avant d'entreprendre la descente vers *Fonfria* et le *Cartel de Concello.* En arrivant à *Viduedo*, un deuxième café n'est pas de refus, d'autant plus que nous voulons saluer la jeune dame qui nous avait accueillis trois ans plus tôt, trempés, gelés, devant son poêle à bois qui dégageait une chaleur bienveillante. Après un bon mot de remerciement pour son geste, nous nous assoyons, cette fois sur la galerie en observant la vallée à nos pieds dont nous ignorions complètement l'existence. Après la traversée d'un dernier col, nous entreprenons une descente rapide vers *Triacastela* où un bon gîte nous attend.

Sur ce sentier des vaches, la Galice sent bon. Les corolles des marguerites s'ouvrent toutes grandes au soleil radieux, tandis que les arbustes en fleurs et les arbres couverts de bourgeons accueillent avec joie cette chaleur printanière. Au loin, les jeunes feuilles d'un vert tendre colorent le pied des montagnes et se marient au rouge vin des bruyères. Émerveillés par la beauté de la nature qui les entoure, les pèlerins doivent rester tout de même attentifs car, dans ce pays où coule le lait, mais pas le miel, les animaux des fermes laissent échapper ce que les pèlerins n'aiment pas transporter sous leurs bottes. Grisés par toutes les odeurs, le nez en l'air et les yeux pleins de lumière, nous entrons dans le village de *Triacastela*, situé bien au fond de la vallée du *Rio Oribio*.

Nous passons devant l'*albergue* municipal, mais recherchons un autre gîte afin d'élargir le champ de nos connaissances. Au milieu du village, devant un restaurant que nous connaissons bien, nous apercevons un panneau en bois sur lequel est gravé à la main : *alberge privado*. Nous suivons l'indication jusqu'à *l'albergue Aitzenga*. Une dame souriante accueille les pèlerins. Cette grande maison de pierre, où l'on peut supposer qu'une place était réservée jadis aux animaux, a été transformée en gîte de pèlerins. Nous partageons une chambre au deuxième étage, du côté du parc, avec *José*, jeune médecin espagnol qui va devenir notre principal compagnon de route jusqu'à *Santiago*.

Après ces vingt-deux kilomètres dans un décor champêtre des plus agréables, cette journée prend l'allure d'une fête. Nous nous retrouvons au bar *Rio*, où d'autres pèlerins sont déjà attablés. Nous rapprochons les tables de pique-nique sur la terrasse et la conversation circule dans tous les sens. Une ambiance fort différente de nos repas en solitaire sur la *Via de la Plata*. L'après-midi se passe en flânerie, car le village offre peu de nouveautés à visiter. Pour écrire mes notes personnelles, je m'assois sur un banc, dans le parc en face de l'*albergue*, au milieu du trèfle et du pissenlit. Une vieille dame vient s'asseoir en face de moi et veut savoir d'où je viens, ce que je faisais auparavant, si j'ai une femme et des enfants, etc. Elle me raconte qu'elle est rarement sortie du village et que l'unique façon pour elle de connaître le monde, c'est de parler aux pèlerins. Elle craint de m'importuner et, à trois ou quatre reprises, elle fait mine de se lever, mais se rassoit et me pose d'autres questions. C'est un plaisir de causer avec elle, d'autant plus qu'elle fait visiblement des efforts pour parler lentement, sachant que l'espagnol n'est pas ma langue maternelle.

Au souper, nous nous retrouvons, douze pèlerins d'expression française, autour de la même table. La conversation trotte de part et d'autre, sans aucun arrêt, pendant que les bouteilles se vident et que les assiettes circulent. En ce dimanche soir du 25 avril, cette rencontre fraternelle entre pèlerins qui viennent de vivre l'une des plus belles journées de leur pèlerinage restera gravée dans leur mémoire. Malheureusement, dès le lendemain, nous apprenons que deux couples sont partis, les pieds des deux dames, couverts d'ampoules, ne veulent plus reprendre le chemin. Sur ce *camino*, nos rencontres chaleureuses et sympathiques demeurent souvent sans suite. De ce groupe, seuls Jacques et sa femme Cyprine vont nous accompagner jusqu'à *Santiago* et assisteront même à notre départ, à la gare routière.

Nous prenons notre déjeuner au bar *Rio*, avant d'entreprendre une marche paisible sur des chemins agricoles à travers la campagne galicienne. Au Moyen Âge, les pèlerins avaient l'habitude d'apporter une pierre de chaux que l'on trouve ici en abondance pour la construction de la basilique de *Santiago*. Nous nous contentons de reprendre nos sacs, les trouvant suffisamment lourds pour nos fragiles épaules.

À la sortie du village, une bifurcation exige une décision : le sentier de *San Xil,* sinueux et étroit, qui se dirige vers *Sarria*, ou une route asphaltée, plutôt droite, qui passe par des collines et rejoint le monastère de Samos : un détour de quatre ou cinq kilomètres. La paresse aidant, nous préférons le sentier traditionnel, généralement plat, qui traverse la campagne et relie plusieurs petits bourgs.

Après la traversée de *San Xil*, à quatre kilomètres de notre départ, nous commençons une montée, la seule de la journée, vers le col de *Alto de Riocabo*. Au sommet, nous pouvons emprunter la route pour descendre à *Montán* ou prendre le sentier à droite. Sans hésitation, nous choisissons la seconde solution : un beau sentier campagnard que les vaches ont parfumé ce matin même. Dix kilomètres de solitude où nous passons à côté de quelques agglomérations qui regroupent un petit nombre de maisons et des bâtiments de ferme.

Nous entrons dans *Sarria* vers 11 h 00, après quatorze kilomètres de bonne marche. Connaissant le chemin par cœur, nous prenons les escaliers qui conduisent au quartier ancien et nous nous arrêtons au restaurant où nous avions pris un repas avec notre ami *Terry* de Nouvelle-Zélande. Cette fois, la dame accepte de nous préparer un *bocadillo*, pendant que nous prenons notre premier café de la journée. Jacques et Cyprine se présentent pour dîner au moment où nous sortons. À peine cinq kilomètres nous séparent de *Barbadelo,* que nous voulons franchir le pied alerte et le ventre léger. À deux pas du restaurant, nous passons devant le couvent de la *Magdalena,* très connu au Moyen Âge. Il possède une magnifique façade plateresque. Il a été construit juste à côté du château des comtes de *Sarria*, qui accueille encore aujourd'hui des pèlerins, ayant été rénové. Au coin de la rue, la grande église *Del Salvador,* dont la construction remonte à 1094, arbore toujours son style roman, même si elle a subi de multiples transformations au cours des siècles.

À la sortie de la ville, le *camino* descend au fond d'une vallée, traverse le *Rio Celeiro* sur un pont médiéval, puis la voie ferrée qui suit le cours d'eau en parallèle. Il s'engouffre ensuite dans un large bosquet de pins, de chênes et de hêtres, une variété d'arbres que l'on verra peu par la suite, celle-ci étant remplacée par l'eucalyptus mince, rectiligne et altier. Le sentier remonte finalement légèrement vers *Barbadelo*, petit village au milieu de grandes fermes de vaches laitières, où seule l'église mérite l'attention.

Ce temple, souvent cité comme exemple de l'art roman *gallego*, avec son allure plutôt massive, son clocher carré d'un seul étage et son portique rempli d'iconographies et de symboles médiévaux, ressemble à certaines églises de Bretagne. D'ailleurs, les Galiciens ont la même origine que les Bretons de France et les Gallois du sud de l'Angleterre. De plus, tous habitent des pointes rocheuses qui s'avancent dans l'Océan Atlantique. Pour se convaincre de ce fait, il suffit de tendre l'oreille : la musique celtique que l'on retrouve dans les lieux publics obtient la faveur de la majorité des *Galiegos*.

Quand nous mettons les pieds dans le portique de l'*albergue*, les portes de celui-ci sont encore verrouillées. Nous en profitons alors pour manger notre *bocadillo*, les yeux rivés sur la vallée du *Celeiro* devant nous. La Galice, avec ses grandes prairies verdoyantes, ses bosquets d'arbustes et ses troupeaux de vaches, ressemble à un coin du paradis, sous les rayons du soleil. Mais, *Santiago* bat tous les records de pluie de l'Espagne. Nous attendions la jeune *hospitalera* qui nous avait si bien accueillis en 2001. C'est son mari qui se présente. Un homme affable qui nous invite à nous installer à notre guise, puisque nous lui avons dit que nous connaissons suffisamment les lieux. Une fois nos effets rangés sur les mêmes lits que lors de notre premier passage, nous nous rendons prendre un verre à *La Casa Nova de Rente*, à trois cents mètres plus loin, cette grande maison que les pèlerins appellent familièrement Chez *Carmen* : cette dame dirige toutes les opérations. Un après-midi bien paisible où le séchage de notre linge constitue la principale activité, qu'un bon repas chez madame *Lopez*, notre cuisinière préférée, vient clore en beauté. Comme l'espace de la salle à manger est plutôt réduit dans cette ancienne maison de ferme, nous invitons à notre table deux dames qui arrivent après nous, Claire et Claude, deux Bretonnes que nous allons croiser à maintes reprises jusqu'à *Santiago*. Nous les avons d'abord rencontrées au gîte, car elles occupent le lit à côté du mien, alors qu'une jeune Allemande a déposé son sac sur le matelas au-dessus de ma tête.

Dès 6 h 00 du matin, les premiers pèlerins s'agitent sur leur matelas, l'heure du lever a sonné. Nous attendons 7 h 30 pour avaler quelques gâteaux, *Carmen* acceptant de nous recevoir à cette heure, et démarrons aussitôt. Par un temps frais, sous un ciel à peine nuageux, une autre belle journée s'annonce. Un sentier sinueux suit les divisions des terres. De tous petits villages se suivent à peu d'intervalle : *Rente*, *Peruscallo*, *Cortiñas* et *Brea*. À la sortie de ce dernier, une borne avec de multiples dessins indique que nous sommes à cent kilomètres de *Santiago*. Déjà si près! Grâce à la belle température, les kilomètres des derniers jours ont défilé comme un charme.

Comment exprimer les sentiments qui m'animent à ce moment? Loin d'être euphorique comme en 2001, je ressens un bonheur certain de parcourir ce chemin que j'ai beaucoup aimé. Cependant, la fatigue pèse lourd sur mes épaules et ralentit mes élans. *La Via de la Plata* a tellement été exigeante mentalement et physiquement que maintenant, je marche comme un automate, me laissant porter par les événements qui surviennent autour moi. Mes émotions se cachent quelque part dans mes souvenirs, ou sont englouties par l'inquiétude que me donne mon genou gauche. Pour supporter la douleur, je dois constamment me préoccuper de ma façon de marcher. Cette réalité prend de l'importance et ronge mes énergies au point que parfois, je me demande si le simple fait d'additionner les pas n'est pas ma seule véritable activité. Aujourd'hui, j'ai pourtant marché plus de vingt-six kilomètres jusqu'à *Gonzar* et au moment de résumer ma journée, je ne me rappelle presque plus de rien. Me reviennent en mémoire seulement les événements vécus à *Portomarín* : la lente descente vers le réservoir de *Belesar*, la traversée du très long pont sur le *Rio Miño* et l'entrée dans *Portomarín*. Sur place, nous avons pris un léger dîner, fait des emplettes, de peur de ne rien trouver à manger à *Gonzar.* Malgré le poids de nos sacs, nous trouvons le moyen d'ajouter quelques bières et une bouteille de vin à nos effets, que nous allons porter pendant les dix derniers kilomètres.

Il suffit de jeter un premier regard pour comprendre que *Portomarín* n'est pas une ville comme les autres. Le village original, formé de deux quartiers, *San Nicolás* et *San Pedro*, sur les deux rives du fleuve *Miño*, fut inondé et détruit par les eaux de barrage. La ville que nous voyons aujourd'hui a été construite en 1960 pour loger les gens qui habitaient sur les bords du *Miño* et qui devaient quitter leurs maisons envahies par les eaux.

Au Moyen Âge, *Portomarín* a été un important lieu de passage. Il y avait, dans le village, un grand *hospital* pour les pèlerins, ainsi qu'un pont solide pour traverser le fleuve, qui fut détruit par la reine *Urraca,* qui voulait freiner l'avance des troupes de son mari, *Alfonso* le batailleur. Ce dernier a fait reconstruire le pont en 1120.

Tout ne fut pas submergé sous les eaux du *Miño*. L'église forteresse de *San Nicolás*, érigée par les moines chevaliers de l'Ordre de Saint-Jean de Jérusalem au XIIe siècle, a été démontée pierre par pierre (on peut voir encore les numéros sur les murs), pour être reconstruite sur la colline, devenue la place centrale de la ville. Ont également été reconstruits, près de l'église, les grands balcons de la mairie et la façade romane de l'église du village de *San Pedro*. Ce qui est aussi remarquable à *Portomarín*, ce sont les trottoirs placés sous les arcades des magasins, de telle sorte que l'on peut faire son magasinage sans se faire mouiller lorsqu'il pleut. En Galice, ce petit détail devient fort important. Une idée empruntée sans doute à *Santiago* où l'on retrouve des promenades semblables dans le vieux quartier, près de la basilique.

Nous nous approchons du gîte de *Gonzar* vers 14 h 30, sous un vent fort qui souffle de l'est, signe avant-coureur d'un prochain changement de température. Jacques et sa femme, arrivés avant nous, nous invitent à nous installer avec eux dans le petit dortoir. Des Espagnols occupent le grand. Comme les deux dortoirs se remplissent à vive allure, Roger et moi décidons d'occuper le lit derrière la porte, dans un coin bien discret. Il suffit d'être attentif quand un pèlerin un peu pressé entre sans frapper. Pendant notre installation, une Espagnole en furie fonce comme un ouragan dans la porte, nous obligeant à plonger sur nos matelas pour garder la vie sauve.

Claire et Claude, qui prennent le temps de regarder où elles passent, se présentent vers 17 h 00 à notre *albergue*. Seuls quelques lits dans la grange sont encore disponibles. Elles viendront prendre leur douche dans notre dortoir, mais devront supporter quelques odeurs que les anciennes locataires, les aimables vaches galiciennes, ont laissées à leur *albergue*. Par chance, les portes de la grange laissent entrer le bon vent de Galice, qui se charge de l'aération du dortoir de nos amies.

Dès 6 h 00 du matin, des pèlerins de la grange envahissent notre dortoir, attirés par nos lavabos et nos douches modernes. Nous nous levons sans attendre et consommons, près de notre lit, gâteaux et jus de fruit. Dehors, le temps couvert et frais n'annonce rien de bien réjouissant. À quelle heure la pluie va-t-elle commencer à tomber, se demandent les pèlerins? Le *camino* emprunte une route de campagne qui relie de minuscules villages, éloignés les uns des autres de deux ou trois kilomètres à peine : *Castromayo*r, ancien camp romain qui a laissé peu de vestiges, *Hospital de la Cruz,* où les pèlerins trouvaient facilement refuge au Moyen Âge, et *Ventas de Narón,* carrefour de routes et endroit idéal pour quelques commerces qui desservent les gens de la région.

Peu après, sur une colline, à *Cruceiro de Lameiros*, nous passons devant une grande croix de granit où, jadis, un pèlerinage avait lieu chaque année durant la semaine sainte. Ce site, au milieu de la belle forêt de Ligonde, était un endroit de culte pour les druides de l'époque celtique. Les Romains y ont bâti un temple, détruit par les Barbares, que les chrétiens ont transformé en chemin de croix. Ce court tronçon est l'un des plus paisibles du chemin.

Avant de traverser *Eirexe*, nous nous arrêtons à la maison de *Mari Luz,* où la mère et les deux filles ont aménagé un petit bar sous un abri. Un panneau de bois en dit long sur leurs intentions : « *El bar, solamente para los peregrinos.* » Tous les pèlerins se font un devoir de prendre un café et de goûter aux gâteaux faits maison. Cet endroit, le plus rustique du chemin, demeure inévitable, car le *camino* passe pratiquement en son milieu. Cinq kilomètres plus loin, nous tenons à faire un arrêt chez notre fermier restaurateur. En 2001, nous étions seuls dans sa grande maison transformée en refuge pour pèlerins. Nous avions pu causer longuement avec cet ancien éleveur de vaches qui avait changé de vocation. Mais cette année, le bar étant rempli à pleine capacité, nous devons prendre nos cafés debout et sa femme s'affaire seule derrière le comptoir.

Vers 11 h 00, n'ayant plus de réserves alimentaires, nous nous arrêtons avec Jacques et Cyprine pour prendre un repas léger à *Palas de Rei*. Dans cette ville, la première fois, j'étais parti à la recherche d'un cordonnier pour réparer les bottes de l'évêque Fitzgerald dont les semelles décollées pendaient lamentablement. Je n'ai pas revu le cordonnier et sa fille, mais nous avons jeté un coup d'œil où nous avions soupé avec *Lola,* l'Espagnole qui nous avait accompagnés jusqu'à *Santiago*. Cette ville, qui fut jadis le siège du roi de Galice, a modifié sa vocation au cours des âges. Les quelques tours en ruines du *Castillo de Pambre* sont couvertes de végétations et attendent toujours la main d'un bienfaiteur pour leur redonner leur charme d'antan.

À la sortie du bar, nous devons jeter notre *puncho* sur nos épaules, car la pluie commence à tomber. D'abord quelques gouttes, puis le vent s'élève et l'orage surgit à l'improviste. J'ai beau tenter de tenir les coins du vêtement, cette toile trop légère tourbillonne constamment. Une heure plus tard, quand apparaissent les premières éclaircies, je m'aperçois que toute la base de mon sac a subi les affres de la pluie. Mes vêtements secs, rangés dans des sacs de plastique, ont subi des dommages sans importance. Après *Casanova*, *Leboreiro* et *Furelos,* nous longeons la petite église *Santa Maria* à côté du cimetière où un Christ en croix tend la main aux pèlerins. Nous sommes heureux de monter la colline vers *Melide,* où un grand gîte doit nous ouvrir ses portes. Nous avions jadis entendu des commentaires très élogieux concernant cet *albergue*. Aujourd'hui, nous devons déchanter. Ce grand édifice, toujours bien aménagé, demeure sous la gouvernance d'une dame qui a sûrement fait un long séjour dans l'armée espagnole, qui vocifère comme un adjudant et qui ne se préoccupe nullement des pèlerins. Quand nous sommes arrivés, un seul dortoir était ouvert, et il était rempli, naturellement. Il a fallu attendre une heure qu'elle revienne pour ouvrir d'autres portes. À son arrivée, elle a crié ses ordres, que pas un pèlerin n'a suivi tellement chacun était choqué par son attitude. Triste situation, la caisse du *donativo* est probablement restée vide, les pèlerins voulant montrer qu'une telle matrone n'a pas sa place dans cet établissement. Profitant du brouhaha créé par les éclats de voix de « Madame la Colonelle », nous prenons position dans le coin d'un petit dortoir où quatre jeunes Espagnols, gars et filles, viennent nous rejoindre. Les deux couples, originaires de Burgos, manifestent beaucoup de sympathie envers nous et lient facilement la conversation. Nous nous installons discrètement, loin des regards courroucés de la commandante qui circule pour faire son inspection, cravache à la main. Claire et Claude, arrivées au milieu de la pagaille, quittent le gîte et cherchent une terre d'asile plus paisible pour passer la nuit. *José*, qui connaît bien la ville, nous conseille un petit restaurant où nous pourrons manger de la pieuvre à volonté. À 20 h 00, nous entrons dans la *pulperia*. Claude et Claire viennent de se mettre à table. Nous partagerons notre souper avec elles avant de passer à un café Internet où je peux envoyer avec plaisir un message à mes amis du Québec.

Au matin, nous quittons la caserne vers 6 h 30, sous la pluie. Le vent a cessé, mais le crachin va tomber toute la journée. Une promenade typique de la Galice. Des chemins agraires, nettement améliorés, où il faut quand même surveiller la boue et les bouses. À *Ribadiso da Baixo*, nous prenons un café à la même table que nous avions partagée avec Lola. Le restaurant s'est agrandi et la clientèle se fait nettement plus nombreuse. Sur le pont romain, étendu sur le *Rio Iso*, les souvenirs remontent, bien vivants : nous y avions passé notre dernière belle soirée avant *Santiago*. Le magnifique coucher de soleil n'étant pas au rendez-vous, le site paraît plus terne sous la pluie. Nous passons outre, préférant nous arrêter à *Arzua* pour nous mettre un morceau sous la dent. Or, quand nous entrons dans la ville, il n'est pas encore 11 h 00. Un café nous suffit et nous reprenons le sentier à la sortie. Il ne reste plus de grandes villes, seulement de vertes prairies et de minuscules villages avant *Santiago*. Comme la vallée de *Ulla* dans laquelle nous descendons est perpendiculaire au *camino*, nous traversons continuellement de petites routes de campagne.

Sous la pluie intense, nous cherchons en vain, depuis une heure, un toit pour nous arrêter. L'ongle de mon deuxième orteil gauche a décidé de me quitter et ne trouve plus une place paisible dans ma botte. Je dois absolument faire un arrêt, réciter les prières aux morts et conduire au cimetière cette partie de moi-même qui me fausse compagnie. À l'entrée de *Salceda*, nous apercevons sur le bord de la route un abribus fait de tôle rouillée. Nous nous y arrêtons afin de manger notre *bocadillo* et enlever le mort de ma botte. Pendant que les tracteurs passent devant nous et que la pluie tambourine sur le toit métallique, je pose un diachylon sur la plaie, espérant que ce soit le dernier avant *Santiago*.

Notre repas terminé, aucune éclaircie ne se pointe. Nous songeons donc à un toit plus silencieux et si possible, une douche chaude. En remontant un bout de chemin pour rejoindre le *camino*, nous apercevons une enseigne lumineuse : *Hostal San Miguel*. Perdu sur cette route déserte, à quelques kilomètres de *Santa Irene*, l'établissement n'est peut-être pas complet. Le patron nous confirme qu'une chambre nous attend et qu'il peut nous offrir le souper. Quelle aubaine! Mouillés, transis, affamés, nous sommes heureux de trouver cet oasis inespéré. Une chambre douillette nous permet de retrouver la paix et la chaleur. Peu après, trois jeunes hommes de *Valencia* et un couple d'Autrichiens occuperont les autres chambres. Nous serons donc sept pèlerins à partager nos impressions de la journée.

Vendredi matin, 30 avril, la patronne s'est levée pour nous préparer un bon déjeuner. Malgré la pluie torrentielle dehors, une joie profonde habite nos cœurs. Vingt-quatre kilomètres seulement nous séparent de *Santiago*. Notre chemin s'arrête ce soir. Nous plaçons correctement notre *puncho* sur nos épaules et maintenant, rien ne peut nous arrêter. Nous prenons le sentier qui va nous permettre de traverser *Santa Irene*, *Rua*, et longer la ville de *Pedrouzo*. Après les cinq premiers kilomètres, la pluie a cessé, mais le temps reste couvert. Le sentier court sous les arbres qui, chargés d'eau de pluie, laissent encore tomber des gouttelettes. Puis, nous longeons l'aéroport de *Labacolla*, avant de nous arrêter pour un premier café.

Une montée de quatre kilomètres vers *Monte de Gozo* vient nous rappeler que nous ne sommes pas encore arrivés. Les postes de relais de la télévision galicienne servent de repères et nous guident vers le sommet de la colline. Sur les hauteurs, les pèlerins du Moyen Âge avaient l'habitude, en apercevant les tours de la basilique, de se jeter à genoux et de chanter le *Te Deum*. En cet avant-midi gris, nuageux, la ville de *Santiago* se détache difficilement du brouillard et la basilique demeure cachée derrière les arbres. À *Monte de Gozo*, en 1992, pour la visite du pape, les autorités ont construit un immense gîte qui peut accueillir plus de mille personnes. Un monument, à l'entrée, représente un souvenir de l'événement. Au moment où nous passons, les lieux paraissent déserts. Nous faisons une pause à la cafétéria pour prendre une bouchée. Nous sommes à peine cinq personnes dans cette grande salle à manger.

En quittant le site, nous apercevons distinctement l'immense basilique et les trois clochers qui pointent au-dessus de la ville. Notre mémoire se souvient qu'il faut de la patience pour entrer à *Santiago,* ville pourtant si proche qui se laisse désirer longtemps. Et pour ajouter un peu de piquant, la rue que nous suivons subit de profonds travaux, nous obligeant à dévier à gauche, à droite, tout en évitant les voitures qui se cherchent elles aussi un passage. Pendant que nous montons vers la *Plaza Cerventés*, une vieille dame s'avance vers nous : elle nous offre une chambre au quatrième étage de sa maison. Nous décidons d'aller voir. Une chambre propre avec deux lits et un balcon pour étendre notre linge. Nous connaissons bien le quartier *San Roque*, car notre chambre se trouvait dans la rue voisine, il y a trois ans. Nous payons les frais et déposons enfin nos sacs.

Après une douche et une lessive, nous descendons vers la basilique pour remercier saint Jacques de nous avoir aidés, surtout pour avoir tendu la main afin que je ne me blesse pas davantage. Puis, nous passons à *l'Oficina de Peregrinos* pour recevoir une attestation officielle et nous inscrire dans les registres. Les formalités terminées, Roger se retourne vers moi, me donne l'accolade en me disant : « Claude, nous l'avons fait! » Aucune réaction! En toute honnêteté, mon attitude étonne, je ne ressens aucune émotion. Devant la joie de Roger, je reste complètement hébété. Il va falloir des jours et des jours, mon retour au Québec, mes photos et la lecture de mes notes pour prendre conscience du poids de cette toute petite phrase : « Claude, nous l'avons fait! »

Aujourd'hui, je revois l'événement et je suis toujours incapable de m'expliquer cette réaction. Si je tente de comprendre, je crois que l'épuisement et la douleur ont fini par brûler toutes mes énergies. Pourtant, je ne regrette rien. Si je devais prendre la décision de partir, sachant à l'avance tout ce que j'ai enduré, je reprendrais mon sac. Les épreuves que j'ai surmontées, l'enrichissement intérieur que j'en retire et surtout l'amitié de Roger, dans la balance, pèsent plus que les petites souffrances endurées.

Au cours de l'après-midi, nous voyons arriver les pèlerins les uns après les autres. Ils sont beaux à voir! Malgré la pluie et la fatigue qui se lit sur leurs visages, la joie qui illumine leurs yeux reste la plus belle image que je ramène de *Santiago*. L'immense basilique, avec ses trois hauts clochers, ses toits couverts de vert de gris et de fiente d'oiseaux, ses façades imposantes qui couvrent de larges surfaces, demeure le pôle d'attraction. Les pèlerins s'en approchent avec un infini respect, s'arrêtent au pied des escaliers, émerveillés par la grandeur du temple. C'est là, sur la *Plaza de l'Obradoiro*, en face de la cathédrale, que les pèlerins se donnent l'accolade, les larmes dans les yeux, heureux de terminer leur chemin.

Puis, la montée des nombreux escaliers, en face de la tour de l'horloge, l'ouverture des lourdes portes de métal du portail de *Las Platerias* et l'entrée dans l'immense cathédrale, qualifiée de « basilique » sous *Alfonso III* en 899, demeurent, chaque fois, un grand moment d'émotion pour le pèlerin qui arrive d'un long parcours. Le temple sacré porte les marques de toutes les mains qui l'ont effleuré, de tous les pieds qui s'y sont traînés et si les larmes ont séché avec les années, les souvenirs de tous les pèlerins demeurent incrustés dans la pierre. Peu importe sa croyance, chacun, en entrant dans ce lieu sacré, sent le besoin de se recueillir et de penser à tous ceux qui l'ont précédé. En ce lieu de rassemblement où tous les hommes et toutes les femmes se perçoivent frères ou sœurs de la grande fraternité humaine, le silence demeure le plus éloquent des messages. Le passé et le présent se rejoignent dans une étonnante harmonie. Vivre simplement cette réalité comble le pèlerin qui dépose enfin son sac.

Les trois journées passées à *Santiago* relèvent du fait divers et ne méritent pas une attention particulière. Nous sommes allés à la messe de midi, à la basilique, le lendemain, premier mai, pour remercier saint Jacques et rencontrer la plupart des pèlerins avec qui nous avons marché afin de partager avec eux ces derniers moments de recueillement.

Lundi matin, Jacques et Cyprine nous accompagnent à pied jusqu'à la gare des autobus. Roger se rend à l'aéroport. Un avion doit le conduire à Madrid. Sa femme, Marie-Paule, et un ami l'attendent. De mon côté, je pars pour Porto. Je dois y passer deux jours avant de prendre un avion pour Paris, et un autre qui me ramènera au Québec. Avant de nous quitter, Roger et moi, nous nous donnons une dernière accolade. Nous seuls pouvons véritablement évaluer la valeur d'une telle amitié.

Dans l'autobus qui m'amène à Porto, je revois mon chemin. Si saint Jacques m'accorde la santé, je sais qu'il y aura d'autres chemins, d'autres pèlerins, le vent, la pluie, mais aussi de grandes joies… Il ne sera jamais possible d'évaluer à sa juste mesure une telle aventure! Et si je n'avais qu'un seul conseil à donner, je dirais à celui qui veut partir : quitte ta chaise, ne regarde pas derrière, lève-toi, mets ton sac sur tes épaules et tu ne le regretteras pas. Partir, c'est avant tout sortir de chez soi, faire quelques pas et aller vers les autres.

Conclusion

L'essentiel est invisible,
dit le Petit Prince.

À quoi ça sert de faire le chemin de Compostelle? Quelle drôle de question! Et pourtant, je l'ai entendue des centaines de fois depuis le retour de mon premier chemin. Après de nombreuses lectures, des témoignages de pèlerins et plus de cinq ans de réflexion, je suis incapable de formuler une réponse, du moins une réponse satisfaisante qui apaiserait tous les esprits. Je doute d'ailleurs qu'il y ait une seule réponse. Chaque pèlerin qui revient avec la lumière dans les yeux demeure pour moi l'unique réponse qui mérite d'être retenue.

Durant mon long trajet, certains faits sont venus souvent hanter mon esprit. À dix-neuf ans, à la suite de mon accident, les médecins m'avaient laissé à mon sort, croyant que je n'avais que quelques minutes à vivre.

À ma sortie de l'hôpital, quatre mois plus tard, le docteur m'a dit que je ne marcherais jamais convenablement, que mon corps avait été tellement meurtri que le cancer y ferait facilement son nid et que ma survie était loin d'être assurée.

Quarante-cinq ans ont passé rapidement et dans le petit village d'*Aljucen,* saint Jacques s'est chargé de ramener ces faits sous mes yeux. Je suis sorti sans aucune blessure d'une chute qui aurait pu être dramatique. Et comme si je n'avais pas compris, mon plongeon dans la rivière du Loup, près de Galisteo, m'a de nouveau permis de mettre le doigt sur la même vérité. Ces événements m'ont rappelé que je n'étais pas réellement le seul maître à bord, que mon destin ne dépendait pas seulement de moi et qu'il fallait compter sur quelqu'un d'autre.

Durant mon chemin, en 2001, j'avais eu l'impression de marcher pour la jeune handicapée espagnole que j'avais rencontrée sur le sentier de Nasbinals, en France. Cette jeune fille d'un courage exceptionnel m'avait permis de passer à travers toutes les difficultés et de me rendre à *Santiago* sans aucune hésitation. En 2004, au contraire, j'ai dû puiser en moi-même les forces pour poursuivre mon chemin.

Nous avons trouvé la *Via de la Plata* plus difficile que le chemin de Puy-en-Velay, même s'il était plus court. Nous étions sans doute un peu tôt dans la saison. Cependant, ce chemin offre un potentiel exceptionnel. Pour le pèlerin qui recherche la tranquillité, la *Via de la Plata* demeure la voie idéale. Les paysages magnifiques, la rusticité des sentiers et les marques du passé qui nous regardent cheminer demeurent les éléments essentiels de ce parcours. De plus, *Los Amigos de Sevilla* font de remarquables efforts pour améliorer les sentiers, construire de nouveaux *albergues,* et intéresser leurs concitoyens à l'importance de faire revivre ce parcours chargé d'histoire.

Ce sentier ne devrait pas être parcouru seul, mais avec un compagnon ou une compagne d'expérience qui a une tête solide et des jambes robustes. La *Via de la Plata* possède un bel avenir et je le conseille vivement aux pèlerins de chez nous qui maîtrisent bien la langue espagnole.

Roger écrivait dans un texte qu'il m'a fait parvenir récemment : *Avant d'être une marche, le Chemin est d'abord une démarche. Son point de départ ne se situe ni au Puy-en-Velay ni à Séville; il est dans la tête de celui qui veut s'engager sur les pas des millions de pèlerins qui l'ont précédé. Si sa tête est solide, sa volonté ferme, son corps alors suivra pour vaincre les difficultés auxquelles il se heurtera.*

Cette vérité m'apparaît de plus en plus évidente : c'est dans la tête que l'on fait ce chemin. Le pèlerin puise à l'intérieur de lui-même la force qui va lui permettre de franchir les obstacles, et cela, en toute simplicité et humilité. Ce chemin représente un beau défi. Pour le réussir, le futur pèlerin doit d'abord le préparer en lui-même.

TABLE DES MATIÈRES

AGMV Marquis
MEMBRE DE SCABRINI MEDIA
Québec, Canada
2005